知的生きかた文庫

話が1分でうまくなる
すごい雑学

坪内忠太

JN109253

三笠書房

はじめに

1分で相手が喜び、その場が盛り上がる！「話し上手」になれるネタ満載！

話をしているとき、話題がなくなって沈黙してしまった。ちょっと居心地が悪いですね。集まりで、気の利いた話題がなくて、盛り上がらなかった。なんだか残念です。仕事の打ち合わせの後、おもしろい話ができたらもっと好感を持ってもらえたでしょうか？

会話で、楽しいネタを披露できればいいですね。会話が弾み、さらに嬉しいこと、オトクなことも起こるでしょう。

本書はそんな「話し上手」になれるネタを、選りすぐって集めました。たとえば、

●なぜ、タイヤは黒いか？
●思い出そうとするとき、なぜ斜め上を見るのか？
●知らないネコと仲良くなるには、どうしたらいいか？

●野球のピッチャーマウンドは、なぜ高くしてあるか？
●ご飯を入れるのに、なぜ「茶碗」というか？

など、興味深い真実でいっぱいです。

何にでも、その理由があります。「おっ！」と驚く真実が隠れています。なぜそうなっているのか、「理由」は考えてみなかった。だけど、それをタネ明かしされると、おもしろいことだった！　その意外さに「なるほど、そうだったのか！」と納得し、頭も冴えます。世の中も変わって見えます。これが会話でも、相手の興味を引くポイントです。

仕事相手との話にも、集まりの話題にも、家族との会話にも、好きな人との時間にも、どこでも使えます。おもしろい話のネタがあると、話すのが楽しくなります。

1項目はコンパクトにまとめてあるので、いつでも読めて、アタマの体操にもなります。本書で新しい世界を発見して、会話のネタに活用していただければ、幸いです。

坪内忠太

目次

1章　人はほめたたえるとき、なぜ拍手をするか？

【身近で意外なおもしろ】雑学

2章

思い出そうとするとき、なぜ斜め上を見るのか？

【人体のふしぎ】雑学

3章

チーターは、なぜライオンより速く走れるか？

【生きもの】雑学①

4章

なぜ、イカは1杯、2杯と数えるのか？

【生きもの】雑学②

5章

なぜ、チューリップの種を売っていないのか？

【植物・自然】雑学

6章

パンは食べものなのに、なぜ食パンというか？

【食べもの】雑学

本文イラスト／BOOLAB.
本文DTP／株式会社Sun Fuerza

1章

人はほめたたえるとき、なぜ拍手をするか？

【身近で意外なおもしろ】雑学

電気のプラグの2本足には、なぜ穴が開いているか？

プラグの2本足を差し込むコンセントには、外からは見えないが、プラグの穴とピッタリ合う小さな出っ張りがある。これがカチッとプラグの穴にはまり、コードを軽く引っ張ったくらいでは抜けないようになっている。この仕組みがないと、プラグの足がコンセントから少しずれてむき出しになる危険がある。余談になるが、冷蔵庫やテレビのプラグを差しっぱなしにすると、ホコリがたまり火事の原因となることもある。要注意だ。

食品類のカン詰めの上下のフタは、なぜデコボコになっているか？

マグロやホタテなど食品カン詰めの上下のフタにはデコボコのリングがプレスされているが、これは殺菌のための熱処理をするとき、内部が膨張して、カンに圧力がかかっても耐えられるよう補強するためのものだ。「エクステンション・リング」という。ナポレオンが海外遠征のため、1804年に採用したビン詰めが軍用保存食の起源だが、ビンは壊れやすかったので1810年にイギリスのデュランがカン詰めに改良した。

結婚式場は床も壁も、なぜ赤一色か？

赤はおめでたい色だから、ではない。結婚式は、式場側からすればなるべく多くのカップルをさばきたい。経営上当然である。しかし、カップルにとっては一生に一度のこと、丁寧に、時間をかけてもらいたい。この2条件を満たすのが「式場の赤」である。赤は脳を興奮させるので、その中に包まれると消費エネルギーが多くなる。すると、人は時間がたくさん経過したと錯覚する。短時間の挙式でも長く感じるのだ。

人の前を通るとき、なぜ手刀を切るか？

座っている人の前を横切るとき、あるいは、数人が立っているところを通るとき、日本人は手のひらを開いてタテにし、小さく上下に振るしぐさをする。手刀だ。これは、それぞれの人の回りには縄張り（テリトリー）があるという約束ごとから行われる。まず、武器を持っていないことを示し、手で指し示す方向に行こうとしているだけだと知らせ、相手を不安にさせないようにするためのものである。

中国にも韓国にもない習慣である。欧米人に対してこれをやると「何だ、こいつは！」とびっくりされる。また、何かをもらうときにも手刀を切るが、こちらは感謝を相手に伝える合掌を省略したものだ。大相撲の勝ち力士の手刀も、神様に感謝する合掌のしぐさである。

万歳は、なぜ三唱するか？

明治22（1889）年2月11日、大日本帝国憲法の発布を祝って祝賀行事が行われたとき、観兵式《かんぺいしき》に向かう明治天皇の馬車に向かって「万歳！」と唱和したのが最初である。はじめ、文部大臣・森有礼《もりありのり》は、祝賀だから「奉賀《ほうが》！」がいいと提案した。しかし、皆で唱和すると「阿呆《あほう》が！」と聞こえるというので撤回し、中国で使われていた、未来永劫の繁栄を願う「万歳！」とした。三唱することにしたのは、1回では高揚感がないからである。

人はほめたたえるとき、なぜ拍手をするか？

私たちは、相手に自分の好意を伝えるとき、自然と声が高くなる。また、相手から好意を持ってもらいたいときも、高くなる。

一方、相手を脅したり、敵意があったりするときには、人は声を低くする。映画やドラマでも、脅す場面のとき、俳優さんはドスの利いた低い声を出す。動物も相手を威嚇するときは、低い声でうなる。

相手が自分に好意を持っているか、敵意を持っているかを、音の高さで本能的に判断するのだ。高い音で伝えると、相手には「好意的な気持ちなのだ」とわかる。だから、相手をたたえたいときには、拍手をして、パチパチという高い音を出すのである。

@（アットマーク）は英語のatとは関係がない。なぜか？

@を最初に使ったのはアメリカ人プログラマーのレイ・トムリンソンで、1971年のことだ。彼は並んで置かれたコンピューターの一方から他方に、電子メールを最初に送信した人である。その彼が@を使ったのは、たまたま偶然に目に入ったからで、意味を考えてのことではない。

もともと@は、ギリシャ語の壺《つぼ》（amphora）の頭文字で、単価を表す商業用語だった。それがトムリンソン以降、場所を表すコンピューター用語になった。

1、2、3……の数字はインド人の発明なのに、なぜアラビア数字か？

今、全世界で使われているアラビア数字は古代インドで発明されたものである。その証拠に、この数字はアラビア語で「インド数字」という。それがなぜヨーロッパでアラビア数字といわれるようになったかというと、アラビアから伝わったからである。

昔のヨーロッパは、アラブ世界に多数の留学生を送って文明を摂取していた。アラブの方が文化水準は高かったのである。だから、数字もアラビア人の発明と勘違いした。

オセロゲームは、なぜ「オセロ」なのか？

オセロゲームは、１９７３年、大手製薬会社でセールスマンをしていた長谷川五郎氏が考案した。表と裏を白と黒にしたのは囲碁からヒントを得たという。ゲーム名は、英文学者だった彼の父親が、白と黒がめまぐるしく入れ替わるゲーム展開を、黒人の将軍オセロと白人の妻デスデモーナの関係がめまぐるしく変わるシェークスピアの戯曲『オセロ』に見立てて命名した。

なぜ、サッカーの控え選手はベストを着ているのか？

サッカーのオフサイドのルールを知っているだろうか？　ゴール前での「待ちぶせ

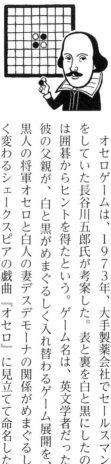

攻撃はダメ」というルールで、味方がキックしたボールを受けるとき、自分とゴールラインの間にゴールキーパーを含め２人以上の相手選手がいなければ反則になる。このルールは主審、線審のレフェリーが選手の数をちゃんと見分けるというところがポイントなので、控え選手がゴールの裏にいたり、ベンチの横で準備体操をしていたりすると、ゲームが混戦状態のときはまぎらわしい。そこで、黄色やピンクのベストではっきり区別できるようにしている。ベストの正式名は「ビブス」だ。

野球のピッチャーマウンドは、なぜ高くしてあるか？

ピッチャーマウンドの高さは１９８８年から25・４センチメートルにルールが改定された。それ以前は38・１センチメートルだった。低くしたのは、投球技術が進んだことと、マウンドが高いと球の威力が強く、投高打低となって試合の興《きょう》がそがれるからだ。マウンドがあるのは、試合でピッチャーの負担が大きいので、球の威力を増し、体力の消耗を軽減するのが目的。しかし、高くしすぎると三振の山となっておもしろくなくなる。

ウールのセーターを水洗いすると、なぜ縮むか？

人間も含め哺乳類《ほにゅうるい》の毛の表面は、キューティクル（角皮）と呼ばれるウロコのような膜でおおわれている。髪の根元から先に指をすべらせるとなめらかだが、先から根元にすべらせると少し摩擦感があるのは、キューティクルのせいである。ウールを水につけるとキューティクルが立ち上がるので、ゆすって洗濯しているうちに互いにからみ合い、繊維にもからみ合う。乾かしてもからみ合ったままだから、セーターは縮む。

石鹸はなぜ、小さくなると泡が立たなくなるか？

石鹸は水にぬらして泡立たせるが、何度もぬらしているうちに、水に含まれているマグネシウムやカルシウムなどの金属イオンと石鹸のナトリウムが反応を繰り返す。

その結果できる、水に非常に溶けにくい物質のスカムが表面をおおう。石鹸が小さくなるとこれがスッポリ包むので溶けなくなり、泡も立たない。また、小さくなると石鹸そのものが乾燥して水分がなくなるのでますます泡が立たない。

羽毛ふとんは、なぜ干してはいけないか？

綿が入った普通のふとんは、晴れた日に干すといい匂いがして気持ちいい。しかし、軽くて暖かいと人気の羽毛ふとんは直射日光にさらすと、羽毛に含まれているタンパク質が変質するので干してはいけない。

湿気を逃がしたいのであれば、部屋の中に広げておくなどして陰干しする。また、綿ぶとんのように叩くのもよくない。羽毛が折れて砕片《さいへん》がふとんから出てくるだけでなく、保温力も落ちる。虫対策、カビ対策も必要だ。

セーラー服の襟《えり》は、なぜ後ろに大きく垂れ下がっているか？

英語で、セーラーとは水兵である。セーラー服は、もともと19世紀イギリス海軍の軍服だった。船の上は、強風のため互いの声がよく聞こえない。そこでジョンベラと呼ばれる後ろ襟を引っ張り上げ集音したのである。その後、海軍好きのイギリスで子ども服に採用され、フランスでは女性のファッションとして人気を博した。日本では、1920年に京都の平安女学院が袴《はかま》に代わる制服として採用し、その後、全国に広がった。

黒いサングラスは、なぜ生意気に見えるのか？

コミュニケーションを取るとき、「上」の人に対して、「下」の人は、たくさんのエネルギーを使って向き合う。たとえば、顔の表情を大きく動かし、身振りや言葉を丁寧にして、たくさん話す。また、相手のためによく動き、気配りもする。エネルギーを使って自分が動き、「相手に関心がある」ことを表し、認めてもらおうとするのだ。

逆に、上の立場の人は、下の立場の人に対して、さほどエネルギーを使わない。

そっけない態度を取っても通用する。さて、黒いサングラスをかけると、目の表情がわからなくなる。目や、目の周りの表情を変えないように見える。

これが、「私はあなたにエネルギーを使う必要はない」「私はあなたを問題にしていない」というメッセージになる。だから生意気に見えるのだ。

謝るときの服の色はグレーがいい。なぜか？

グレーの色には、おとなしい、控えめというイメージがある。グレーを着た人が謝ると、弱々しい感じを与える。そのため、相手に「これ以上責めるのはかわいそうだな」という気持ちを抱かせる。だから、グレーを着て誠意を持って謝罪すると、相手の怒りを収める効果が期待できる。

だが、グレーでも、黒に近い濃いグレーは避けた方がいい。黒には、格式や威厳、高級感があり、相手に威圧感を与える。濃いグレーは黒のイメージに近いのだ。そのため、濃いグレーの服を着て謝っても、「本当は自分に非はない」と思っているように、相手には見えてしまう。また、黒は「敵から身を守りたい」という意味を持つ色だ。そのため、謝っても、相手から「まだ何か隠しごとがあるのでは」と疑われる可能性もある。

なぜ、船の下半分は赤いか？

船にとって大切なのは、スイスイ進むことだ。大きな船は動かすだけでも燃料がたくさん必要だから、水の抵抗を少なくして進めるのが第一だ。ところが、いつも海水につかっている船底にはフジツボや海藻がくっつく。すると水との摩擦抵抗が大きくなり船はスイスイ進まなくなる。燃料費もかさむ。

そこで昔は、これらをやっつける薬品を塗った。その色が赤だった。しかし、フジツボや海藻がつかなくなるほどだから、環境に悪い影響も出る。そこで最近はこれをやめ、船が走ると

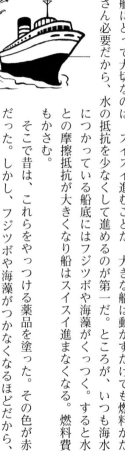

海藻の胞子やフジツボの幼生が一緒にはげ落ちる無毒の塗料を使っている。昔にならって、この塗料も赤にしている。

喫水線《きつすいせん》まで満タンにしたタンカーは、日本に帰れない。なぜか？

自転している地球の回転速度は、赤道に近くなるほど速い。赤道上だと、時速1700キロメートルくらいだから、時速285キロメートルの新幹線「のぞみ」の約6倍だ。当然、遠心力が働くので、同じ体積のものは赤道に近いほど軽くなる。すなわち、赤道近くにあるサウジアラビアなどの産油国で喫水線まで満タンにしたタンカーは、日本に向かうと、遠心力が弱くなり、石油（積荷）が重くなる。やがて喫水線を超えてしまうので航行できなくなる。

ハワイは毎年12センチずつ、日本に近づいている。なぜか？

ハワイは、毎年12センチメートルずつ日本に近づいている。地球物理学によると、地球の表面はプレートと呼ばれる何枚もの厚い岩盤でおおわれ、内部のマントル対流の動きに乗って移動している。たとえば、大昔には島だったインド半島が、この動きで大陸にぶつかり、ヒマラヤ山脈を押し上げた。ハワイが乗っているプレートは、日本の乗っているプレートの下にもぐり込んでおり、超ゆっくりだがこちらに動いてきている。

なぜ、タイヤは黒いか？

自動車や飛行機のタイヤはゴムでできている。ゴムには天然ゴムと合成ゴムがあるが、どちらも黒ではないし、輪ゴムや消しゴムのようにいろんな色にできる。

それなら、タイヤも黒だけでなくて、他の色もあったらいいと思うだろう。しかし、タイヤは黒である。なぜなら、消しゴムをコンクリートにこすりつけたらボロボロになってしまうことでわかるように、ゴムはそのままではタイヤとしては弱すぎるからだ。そこで、カーボンブラックという補強材をまぜて強くしてある。カーボンブラックは黒だからすべてのタイヤは黒い。

青色の車は事故に遭いやすい。なぜか？

1968年にアメリカで分析されたが、赤色の車に比べて、青色の車は3倍も交通事故に遭いやすいという。50年以上も昔のデータだが、視覚的に合っている。

青色は、人の目で見ると、遠くにあるように見える。後退色《こうたいしょく》という。一方、赤色は近くにあるように見える。進出色《しんしゅつしょく》だ。つまり、青色の車は、後続の車から見ると実際よりもずっと先を走っているように見える。小さくも見える。

そのため、他の車のドライバーは、青い車との距離を見誤ることが多く、青い車は衝突されやすいのだ。交差点などでは、青い車との距離を見誤った車が急に曲がってきて、ぶつかるという事故も起こりやすい。走っている車で、実際の位置とほぼ同じに見えるのは、黄色の車だという。

「面《つら》の皮が厚い」は、アメリカではほめ言葉。ホント？

ホントだ。「面の皮が厚い」は、日本では、恥知らずといったよくない意味で使われる。だが、アメリカでは、面の皮が厚いは、「動揺しない、肝っ玉がすわっている証拠」とみられる。特に政治家はそうだ。大統領選などでは、面の皮が厚いことが大統領になる資質の1つとして報道されたりする。ヒラリー・クリントン氏の大統領選における政治活動の報道で、「ヒラリーは面の皮が厚いことを証明した」という言葉が使われた。「動揺しない、度胸がすわっている」という意味だ。

ところで、面の皮が厚いとは、本当に厚いのか？　測定値では、赤ちゃんは、顔の皮膚は0・05ミリメートル程度。皮膚の下が透けて見えるくらい薄い。これが15歳になると、0・08ミリメートル、35歳の大人では、0・1ミリメートルほどになる。大人は、赤ちゃんの2倍の厚さだ。大人になると図々しくなり、「面の皮」も厚くなる。

なぜ、湖が凍っても魚は生きているのか？

北国の湖は冬になると氷が張り、スケートリンクに早変わりする。氷に穴を開けてワカサギ釣りをする人もいる。それにしても、凍っているのに、なぜ魚が生きているのだろうか？

それは水に不思議な性質があるからだ。水の密度が4度で最大になることは理科で習ったと思うが、密度が最大とは、もっとも重いということである。重ければ下に沈む。湖が凍るほど冷えると底の方に重い4度の水がたまり、上に行くほど0度に近くなるわけだ。そのため、湖の生物は氷に閉じ込められることなく湖底近くで生きのびることができる。

大雨が降ると、なぜ衛星放送の映りが悪くなるか？

衛星放送の周波数は12ギガヘルツだから、電波の山から山、谷から谷の長さに換算すると2・5センチメートルくらいだ。雨粒の方はというと、普通にシトシト降っているときは直径0・4ミリメートルと小粒だが、大雨は0・8ミリメートル、土砂降りになると5ミリメートル以上、さらに夕立だと1センチメートルになることもある。この大きな雨粒に電波は散乱され、吸収され、阻まれるので衛星放送は映りにくくなるのである。

木材は電気を通さないのに、なぜ、カミナリは樹木に落ちるか？

カミナリがつきものの夕立で、樹木の下に雨宿りしたことはないだろうか？　しかし、これは危険だからやめるべきだ。周りに逃げ込める家屋がなければ、樹木からなるべく離れ、姿勢を低くし、夕立が終わるのを待つのがいい。木は絶縁体なのになぜ？　と思うかもしれないが、電気を通さないのは木材であって樹木ではない。樹木は根から天辺《てっぺん》まで水の通り道（導管）がある。水は電気をよく通すので、避雷針が地面に立っているようなものである。

なぜ、朝、霜が降りた日は晴れるか？

霜は、空気中の水蒸気が氷の結晶となって降り積もったものである。暖かいと溶けるから、霜がおおっているということは、地面が非常に冷えているわけだ。なぜ、冷えているか？　すべてのものはその温度に見合った放射（熱）を出しており、地面も出している。しかし、雲におおわれていると放射はそこではね返されるので、地面の温度はそんなには下がらない。しかし、空が晴れていると放射（熱）は出ていったままとなり、地面の温度はどんどん下がって水蒸気の氷の結晶はとけなくなる。だから、霜が降りた日は晴れている。晴れているから、霜が降りるのだ。

星がひんぱんにまたたくと翌日は雨。なぜか？

星を毎日見ていると、チカ……チカ……チカと少ししかまたたかない日と、チカチカチカと頻繁な日があるのに気づく。そして、少ししかまたたかない日の翌日は晴れ、頻繁にまたたく日の翌日は曇りか雨である。なぜかというと、星がまたたくのは大気のせいだから。

気流が落ち着いているとまたたきが少なく、乱れているとひんぱんになる。激しく乱れるのは低気圧や前線が接近しているせいだから、翌日は雨か曇りである。そうでなければ、大気の乱れが少ないので翌日は晴れということになる。

テルテル坊主は、男の子か女の子か？

坊主だから男の子？　しかし、日本に伝来する前の中国では、「掃晴娘《サオウチンニャン》」という箒《ほうき》を持った紙人形の女の子だった。箒には福（晴れ）を引き寄せる力があり、また男の子より女の子の方が霊力が強いと信じられていた。

岩井宏美氏（民俗学）によると、この風習は平安時代に仏教の呪術などと一緒に日本に伝わってきたが、そのとき、女の子ではなく坊主になった。日本では、天気の祭りは聖《ひじり》（修行僧）がつかさどるものだったからだろう、という。

都心の高層ビルで、なぜ化石を発見できるか？

化石とは何か？　古代生物の死骸が海に沈み、その上に泥や砂が堆積《たいせき》してできた堆積岩が、地殻変動で地上に押し上げられたものである。高層ビルの外壁や内壁には、堆積岩の1つの石灰岩や石灰岩からできた大理石などが使われているので、思いがけず化石に出合うことができる。

化石図鑑には、どこのビルにどんな化石があるか載っているものもあるので、図書館で調べてみると簡単に発見できるだろう。

ナイル川にできた巨大ダムが、地中海のイワシを滅ぼした。なぜか？

1970年、ナイル川に完成したアスワン・ハイ・ダムは砂漠地帯の灌漑《かんがい》用水と氾《はん》濫《らん》防止としては大いに役に立っているが、同時に、思いがけない弊害のあることがしばらくしてわかった。地中海で、たくさん獲れていたイワシが激減したのである。

川は水だけでなく土砂も運び、土砂に含まれている地中の栄養分が海のプランクトンを養う。そのプランクトンをイワシが餌にしていたのだが、ダムで土砂の流入がストップされ、その循環が断たれたのだ。

「星の砂」は、砂ではない。何か？

岩石が風化してできたものが砂だとすると、「星の砂」は、砂ではない。沖縄の竹《たけ》富島《とみじま》などの海岸に見られる星の砂浜は、有孔虫《ゆうこうちゅう》という原生生物の殻が集まったものである。有孔虫は約5億年前くらいに出現した単細胞生物で、糸のような管《くだ》を出して食物を取りながら、海面をふわふわ漂っている。死後、その殻が海底に沈み、浜辺に打ち上げられ、強い陽射しにさらされて乾燥し、サラサラの星の砂になるのである。

磁石はどんなに薄く切っても、N極とS極になる。なぜか？

棒磁石を半分に切ると、それぞれがN極・S極（双極子）を持った2個の磁石となる。さらに半分にすると4個の磁石となり、さらに半分、さらに……と極限まで薄くしても、N極・S極の磁石となる。絶対に、N極だけS極だけの磁石にはならない。それはなぜかというと、宇宙にN極だけS極だけの単極子（モノポール）というものが存在しないからである。単極というものが存在しないから、必ず、N極・S極の双極となるのだ。

瞬間接着剤はたくさん塗ると、くっつきにくくなる。なぜか？

しっかりくっつけたいと思って、瞬間接着剤をたっぷり塗ったが、なかなかくっつかなかったという経験はないだろうか？　普通の糊《のり》は、容器から出して乾燥するとくっつくが、瞬間接着剤はその逆。

シアノアクリレートという有機化合物が、空気中のほんの少しの水分に触れると分子同士が手をつなぎ接着する。容器からたっぷり出すと、中の方は空気中の水分に触れないので接着しにくい。少量を引きのばすと、その瞬間に接着する。

なぜ、ファスナーをチャックというのか？

ファスナーは１８９１年、アメリカ・シカゴに住むウィットコーム・ジャドソンという人が発明した。狩猟用の靴ひもをいちいち結ぶのが面倒くさい、というので考えついたという。日本には、１９１７年に財布と一緒に入ってきた。

ファスナー、ジッパー、チャックというのは同じもの。ジッパーはアメリカの会社の商標名、チャックはもともと和式小物入れ（財布にもなる）の巾着からきた名前だ。戦前、広島でチャック印のファスナーが売り出されたことがあり、その名前がそのまま残った。ファスナーのつまみは引き手といい、ひもを通してつまみやすくするために穴が開けてある。

線路には、なぜ砂利（バラスト）が敷いてあるか？

列車が通るとレールや枕木は重量で押しつけられるから、いくら固い地面でもだんだんめり込んでいく。砂利はその力をはね返すクッションとして敷いてある。

また、電車の走行騒音を吸収する役割もある。最初の頃は川原の砂利を使っていたが、丸くてツルツルなので横に広がり、うまくいかなかった。現在は硬い安山岩など、大きな岩石を砕いて作っている。

手を離した風船は、どんどん上がって最後はどうなるか？

どこまでも上がっていくように思えるが、そうではない。最後は破裂する。なぜか？

地上で風船を膨らませたとき、風船の中の気圧と外の気圧はバランスが取れている。どちらも、約1013ヘクトパスカルだ。風船が空に上がっていくと、外気圧はどんどん低くなる。標高3776メートルの富士山頂は約640ヘクトパスカルだ。中の気圧は地上のままだから風船は中から押され、どんどん膨らんで、最後には破裂する。

なぜ、扇風機の後ろの空気は動かないのか？

扇風機を使ってみると不思議なのは、羽根の後ろに手をかざしても空気の流れがないことである。「強」にすれば前には強い風が吹きだす。では、その風はどこから来るのだろうか？　もちろん後ろではないのだから横である。狭い部屋では壁のすぐ近くに扇風機を置くことになるので、後ろから前に空気が動く設計だとスムーズに流れない。そこで、横から取り込んで前に流れるよう羽根の形を工夫してある。

なぜ、ガスタンクは球形なのか？

町の郊外で見かける巨大なガスタンクは、たまに円筒形もあるが、たいてい球形である。なぜか？　それはガスタンクにとって一番大切なことが、ガス漏れしないことだからである。ガスタンクの中にはただ単にガスが入っているのではない。ガスは工場で製造されると、家庭や工場などに送り届けるため高い圧力がかけられる。圧力がなければ、ガス管で遠くまで届けることができない。だから、ガスタンクには、ガスと圧力が入っている。この内部からの圧力に一番強い形が球形である。球形は円筒形や他の形のタンクに比べ、内部が均一でバランスがよい。だから強い。

日本には、１００以上の多彩な「ねずみ色」がある。なぜか？

日本には「四十八茶百鼠《しじゅうはっちゃひゃくねず》」という言葉がある。茶色が48種類、ねずみ色が１００種類あるという意味だ。実際には、茶色系もねずみ色系ももっと多く、100以上のバリエーションがある。

こんなに茶色やねずみ色の種類が増えた理由は、お上の取り締まりにある。江戸時代中期や後期、幕府は、農民や町人（のちにはすべての身分）に質素・倹約を強いた。贅沢《ぜいたく》禁止令（奢侈《しゃし》禁止令）だ。そして、着てもよい布の種類や色まで決めた。使っていい色は、茶色、紺色、ねずみ色と、地味な色ばかりだ。

それで江戸の人たちは、楽しむために工夫をした。幕府から決められた色の中で、さまざまなバリエーションをつくった。だから、ねずみ色のバリエーションは、100を超えるほど増えていったのだ。

2章

思い出そうとするとき、なぜ斜め上を見るのか？

【人体のふしぎ】雑学

ベートーベンは耳が聴こえなかったのに、なぜ作曲できたか？

ベートーベンは晩年の10年間は耳が聴こえなかった。だが、『第九交響曲』をはじめ数々の傑作を残している。彼は指揮棒を強く噛み、ピアノに押しつけ、骨伝導で音を聴き取ったという。必要な音は、それで拾うことができた。

骨伝導といえばクジラがよく知られている。深海の水圧に耐えるべく聴覚器官は体内にあるが、下あごの骨で海中音の振動を受けとめ、骨伝導で伝えている。500メートル以上離れた仲間の声も聴くことができる。

人間は「ヘビが危険」だと、なぜわかるか？

にょろにょろしたヘビを見ただけで、ぞっとしたり、恐怖を感じたりする人は多い（もちろん、愛好家もいる）。「ヘビは嫌だ」「ヘビは危険だ」というのは、誰から教えられたわけでもない。それでもそう感じる。これは脳内に「ヘビに反応する」特別な神経回路があるからだと考えられている。古代からの狩猟生活の中で、人間はヘビに噛まれて死ぬ危険にさらされてきた。草や木々の間にひそむヘビをすばやく見つけ出すことは、命に関わることだった。

そのため、ヘビをすばやく見つける神経回路が、脳の中につくられたのだという。だから教えられなくても、ヘビを見ただけで「嫌」で、ぞっとする恐怖感を持つのだ。

思い出そうとするとき、なぜ斜め上を見るのか？

人は思い出そうとするとき、なぜか上（斜め上）を見る。視線を上にやるのは、何もないところを見て、脳の余計な動きを抑制し、記憶に集中するためだと考えられている。さらに、「見たことがあるもの」を思い出そうとすると、左斜め上を見ることが多いという。
「見たこと」とは、映像の記憶だ。これを思い出そうとするとき、脳はイメージ脳といわれる右脳が働く。右脳は、体の左半身をつかさどっている。だから、視線が左上に動く。

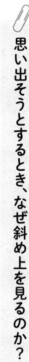

フラッシュをたくと、なぜ赤目になるのか？

記念写真の皆の目が赤いので「何だ!?」と思ったことはないだろうか。まばたきをしないでフラッシュ写真を撮ると、強い光が一瞬目の中に入る。光は眼球を通過し、眼底に反射する。眼底は人体で唯一、直接、血管の様子を観察できる箇所だから、反射した光は眼底血管の色となる。赤だ。健康診断で眼底検査が行われるが、血管を直接観察することにより糖尿病や高血圧など、血管に障害の出る病気を発見できる。

国際宇宙ステーションの宇宙飛行士はみんな顔が丸い。なぜか？

国際宇宙ステーション（ＩＳＳ）は地上４００キロメートルの上空で地球を回っているが、テレビでときどき中継される乗組員の顔は、皆さんプクプクの丸顔である。なぜかというと、無重力だからだ。

われわれは、生まれたときから地球の重力に引かれているので気がつかないが、じつは、肉も骨も血液も髪も、すべて強い力で引っ張られている。そのことは、高いところから飛び降りると引力に引かれ地面にぶつかることでわかる。宇宙ステーションで無重力になると、約2リットルの血液、リンパ液などの体液が上半身に集まるので丸顔になるわけだ。その集まった体液のため、気持ち悪くなる乗組員もいるらしい。

中年男性の顔が大きくなるのは、なぜか？

男性は、中年以降になると、体はそうでなくても、顔だけ皮下脂肪がたまって、大きくなる人がいる。人類学者の馬場悠男《ひさお》氏によると、ある意味でこれも、大人になって性別の違いによって特徴が出てくる「第二次性徴《せいちょう》（または第三次性徴）」だと考えられるという。

動物の社会では、この変化の効果は、はっきりしている。オラウータンは、縄張りの中で、一番強いオスだけがほおに大きな「ひだ」を発達させる。力が2位以下のオスには、ひだはない。大きなひだのオスに気圧《けお》されて、力の弱いオスはストレス

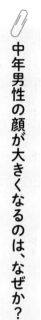

でひだができないのだ。オスのゴリラは、成長すると背中の毛が白くなる。それが群れの中で優位性を示す。オスのライオンは、成長すると、たてがみが生える。それぞれの動物の社会で、優位性を示すためにオスは変化するのだが、人間の男性が中年になって顔が大きくなるのも、これと同じと考えられている。

しかし、今の社会では、男性の顔が大きくなっても、女性にはただ「暑苦しい」と思われるだけかもしれない。

寝つきが悪いとき、なぜ大さじ1杯の酢を飲むといいか？

酢の中に含まれている酢酸《さくさん》には、血液中の疲労物質を分解する作用があるので、寝る前に、軽く大さじ1杯くらい飲むと体がリラックスして安眠できる。飲むだけでいいのだから簡単だ。

ぬるい湯に入って体を温めたり、ナイトキャップ（寝酒）を飲んだりするという方法もあるが、風呂は裸にならなくてはならないし、酒が飲めない人もいるだろう。酢には神経の高ぶりを穏やかにする効果もあるので、おすすめしたい。

眠れないときに羊を数えて、本当に眠れるか？

眠りにつくために羊を数えるのは英語圏が発祥だ。日本人には向いていない。イギリスでは牧羊の歴史が長い。誰もが、羊は群れてじっと動かないのを知っている。動かないで草を食《は》む羊の姿をイメージでき、リラックスできるのだ。また、羊の英語「sheep《シープ》」は発音しやすく、睡眠の「sleep《スリープ》」とも音が似ている。繰り返し「sheep」と言っていると、眠気を誘う音になる。だから羊を数えるようになった。

だが、日本は事情が違う。英語「sheep」に当たる日本語は、「ひつじ」だ。これは言いにくい。繰り返し言っても、眠くなる音ではない。また、日本での羊の飼育は、明治以降のことだ。イラストのモコモコ羊はおなじみだが、実際に羊が群れてのんびりしているのを見たことがない。羊を数えても、別段リラックスしないのだ。

　精神科医だった斎藤茂太氏によると、日本人の眠気を誘うためには、米を数えるとよいそうだ。目をつむって、たくさんあ

る米を「米が1粒、米が2粒」と数える。米は数えても数えてもたくさんある。数えることは単調だから、やがて眠くなる。

目が疲れたとき、何もない青い空を見ても回復しない。なぜか？

目の疲れは、水晶体（レンズ）の厚さを調整する目の筋肉を、ずっと同じ状態で緊張させていることで起こる。ずっと近くのものを見て、目の筋肉を緊張させていたなら、ときどき遠くのものをぼんやり見て、休ませるのがいい。遠くといっても、何もない青空ではダメだ。

空は、遠くにある「モノ」ではないからだ。何もない空をぼんやり眺めると、そこには何もないので、目は自動的に近くのものにピントを合わせてしまう。空でも、浮かんでいる雲を見るのは、いい。雲は遠くにある「モノ」だからだ。

人間の「白眼《しろめ》」が、他の動物より目立つのは、なぜか？

白眼とは、眼球の結膜の部分。人の目では白く見えるところだ。人間以外の多くの動物では、白眼はほとんど見えない。イヌは少し見えるが、ネコは見えない。しかし、ないわけではない。人間以外の動物は、目の開いている部分が小さい。結膜には色がついていて、白眼を目立たなくさせている。白眼がわかると、視線がどこを向いているかわかってしまうからだ。野生動物にとって、視線がどこを向いているか知られると、大変都合が悪い。敵に襲われたり、獲物を逃がしてしまったりする。

しかし、人間の場合は、白眼を出すことで視線をはっきりさせた。視線がわかることで不都合もあるが、コミュニケーションが取りやすくなるからだ。人は視線を交わすことで、お互い仲良くすることを選んだのである。強い視線は、相手に脅威も感じさせる。だから、じっと見つめると、「眼《がん》をつけた」という争いにもなる。

目は2つなのに、どうしてモノは1つに見えるのか？

片目だけでも「モノ」は見える。2つの目は、それぞれものを見ている。だからといって、ものは2つには見えない。それは見ているのが目ではなく、脳だからだ。ものを見ると、光が目の網膜の上で像を結ぶ。網膜には、1億個以上の視細胞が並んでいる。網膜で受け取った情報は、視神経を通して脳に送られる。

脳は、色や明るさ、距離や動きといった視覚情報を分析し、見たものを1つにして理解する。これが、脳が見た世界だ。いってみれば、目はカメラと同じで、道具だ。本当に見て理解しているのは、脳なのだ。

なぜ、ふだん、まばたきしても気にならないか？

1分間に、子どもで10回、大人の男性は20回、女性は15回くらいまばたきをしているが、まったく気にならない。かなりの頻度でパチパチしているのに気にならないのは、まばたきの瞬間、脳の一部が休んでいるからだと考えられている。すなわち、目を閉じても脳が感知しないから、閉じていないのと同じである。

心理学者によると、人は緊張するとまばたきの回数が増えるが、そうなっても、もちろん本人は気にならない。

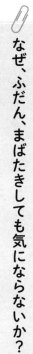

手に「ハーッ」と息を吐くと温かく、「フーッ」と吐くと冷たいのは、なぜ?

冬の寒い日、かじかんだ手に息を「ハーッ」と吐きかけると、温かい。口をすぼめて「フーッ」とやると冷たい。同じ息なのに、なぜだろうか? 息は体温で温められている。「ハーッ」でも、「フーッ」でも、出てくる息の温度は同じだ。ただ、口をすぼめると、吐く息の速度が速くなる。速い速度の息が手のひらに当たったとき、周りの空気をかき混ぜ、冷たい空気が手のひらに流れてくる。手のひらの温度も低くなる。また、速い空気の流れは手のひらの温度も奪う。だから、冷たい。

一方、「ハーッ」と息をかけるときは、体温で温められた息がそのまま手のひらに当たる。だから、温かい。

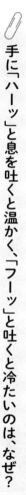

体温が42度になると、どうして危ないのか?

人は、腸で測る深部体温で42度が生きられる限界だとされている。体温が42度になると危険なのは、体のタンパク質が変質する（固まる）からだ。人の体は、ほとんどタンパク質でできている。タンパク質には、ゆで卵のように、温度が上がると変質して、固まる性質がある。固まると、元には戻らない。

人の体温は一定で、平熱が36度から37度くらいに設定されている。これもタンパク質が壊れないようにするためだと考えられている。深部体温が42度以上になると非常に危険だが、42度以上のお風呂に入っても、長時間でなければ大丈夫だ。これは、皮膚の表面を角質という丈夫な細胞がおおって守っているからだ。

日本人の鼻が低いのは、背が低いからではない。ではなぜか？

日本人の鼻が低いのは、日本の気候が「低い鼻でいい」からだ。高い鼻を持っている人々がいる地域は、北欧など寒い地域だ。寒い地域に住む人々の鼻は高くて、すらっと細い。寒い地域で、鼻から吸った冷たい空気を、いきなり気管や肺などの呼吸器官に送るとダメージを与える。どうしたらいいか？　最初に外の冷たい空気を取り入れる鼻の中を広くして、広くなった鼻の中で、冷たく乾燥した空気に湿り気を与え、温める。それから、呼吸器官に送ると都合がいい。それで、寒い地域に住む人々の鼻は、中を広くするために高くなった。

一方、日本も含め、アジアなどの地域は、湿度があって暖かだ。年がら年中冷たく乾燥した空気を吸うことはない。そのため、これらの地域に住む人々の鼻は高くなる必要がない。低くてもいいのだ。

眉毛はなぜ、人間にしかないか？

人は、眉毛をそり落として新たに描いたり、短く切ったりする。眉毛は、あってもなくてもいいようだが、じつはちゃんと役割がある。人体で一番汗が噴き出すのは、額だ。眉毛は、額からの汗をとめて目に入らないようにしている。汗には、塩分、アンモニア、尿素、乳酸などが、微量だが含まれている。目に入ると痛い。眼球表面も痛む。だから、眉毛で汗を防御しているのだ。
エアコンのある現代と違って、昔の人は額に汗して、屋外で

働いていたので、眉毛は汗を目に入れない防波堤として、大変役に立っていた。額に汗して働くことのないゴリラやチンパンジーに、眉毛はない。必要がないからだ。

すり傷は、水で洗うのと消毒液で消毒するのと、どちらがいいか？

水でよく洗って傷口を清潔にするのが、早くよくなる方法だ。逆に傷口を洗わないと、傷口から出てくる体液がたまり、菌が繁殖しやすい。

では、消毒液はどうか。消毒液を使うと、ヒリヒリする。消毒液は基本的に細胞に対して毒性を持っている。細菌だけでなく、傷を治すための細胞も壊してしまう。そのため、治りが遅くなる。また、消毒液を使っても、細菌はすぐに増えてしまう。長く使っているとかぶれも起こす。傷は毎日水できれいに洗って、傷口を清潔にし、適度にうるおいを与える。これが傷を早く治す方法だ、と皮膚科医はすすめている。

頭につむじがあるのは、なぜか？

頭の毛は、頭皮を守るために、すき間をつくらないように斜めに生えている。その方が、頭全体をカバーしやすいからだ。このため、毛の流れの中心につむじができる。人間に限らず、イヌでもネコでも毛の生えている動物は、毛が斜めに生えている。だから、つむじがある。目立たないので、気がつかないだけだ。つむじの右巻きか、左巻きかは、遺伝で決まる。全体の傾向としては右巻きが多く、日本人では約60％くらいだ。

他人をバカにするとき、「左巻き」と言ったりする。これは、お釈迦様の眉間にあったとされる白毫《びゃくごう》（白くて長い毛）の巻き方と関係がある。白毫が右巻きに丸まっているので、右巻きが尊いものとされ、左巻きはそうでないとされたわけだ。白毫は、仏像や仏画の仏様の眉間にある飛び出したところだ。奈良の大仏にもある。

重いものを持ち上げるときに、どうして「よいしょ！」というのか？

たとえば、重いものを持ち上げるときは、まず体をかがめ、ひざを折る。腰を下げ、そこから立ち上がる。体の反動を使うのだが、動きを切りかえるときに、声が出る。声で脳の働きを切りかえて、強い力を出すのだ。筋肉はふだんは90％しか使われていない。脳が抑えているからだ。この脳のブレーキを、かけ声で外すのだ。シャウト効果といって、大声を出すことで、脳の中枢の働きを変えるわけだ。

「火事場のバカ力」という言葉もある。いざというとき、自分では思ってもみなかった力が出る。スポーツの勝負のときや、ここぞというとき、無意識に声を出して力を発揮する。日常の動作でも力が出そうな気がするから、「よいしょ！」と声を出す。声を出さないでも、心の中で「よいしょ！」と念じる。

夜中によくトイレに行くのは、ふくらはぎのせい。なぜか？

夜寝ているとき、何度もトイレに行くことに悩まされる人は多い。寝る前にトイレに行っても、だ。その原因として、足のふくらはぎがよけいな水をためて、それが尿を作っていることがわかった。ふくらはぎがオシッコのタンクになっているのだ。昼間に取った水分をちゃんと尿で出せるといいが、膝から下の血流が悪くなると、ふくらはぎに水がたまる。血管から漏れ出した水分が足のふくらはぎにたまるのだ。足がむくんでいる状態だ。立っていると、ふくらはぎに漏れたこの水分は下に下がっているが、夜寝るときに横になると、血管に戻り、尿がつくられる。夜中によくトイレに行く人の80%は、これが原因だという。

改善策として、夕方から夜にかけて、30分くらいの散歩をする、眠る前に30分ほど15~20センチメートルの高さに足を上げる、起きている間に弾性ストッキングをはく、などが効果的だという。

ゾウもライオンもヤギも人間も、オシッコは21秒でする。なぜか？

哺乳類はゾウ、ライオン、ヤギ、人間など、体の大きさはいろいろ違う。だが、体重が3キログラム以上の哺乳類は、みなオシッコを21秒でする。アメリカの研究者たちが調べて研究成果を発表し、2015年のイグ・ノーベル賞の物理学賞に選ばれた。

体の大きな動物は、オシッコをためる膀胱《ぼうこう》も大きくて、1回に出すオシッコの量も多い。大人のオスのゾウの1回のオシッコの量は10リットル。2リットルのペットボトル5本分だ。人間の大人は、200ミリリットルから400ミリリットル。それでも、ゾウも人間もかかる時間は同じなのだろうか？

体の大きな動物は、膀胱が大きく、オシッコの量も多いが、排せつする尿道も太い。だから、体が小さい動物とかかる時間は同じなのだ。膀胱は哺乳類にしかない。膀胱がなくて、オシッコを垂れ流していると、その臭いで自分の存在が敵に知られ、危ない。それで膀胱ができたと考えられている。

オシッコにかかる時間が21秒というのは、オシッコをする回数と膀胱の大きさから、敵から襲われないためにちょうどいい、ということのようだ。

関節がポキポキいうのは、何の音か？

関節が「ポキポキ」いうのは、関節の間にできた泡が破裂する音だ。関節とは、骨と骨がしっかりつなぎ合わさった部分だ。骨と骨の間は、関節腔《かんせつこう》という膜で包まれている。関節腔の内側には関節液《かんせつえき》がいっぱいあり、関節がスムーズに動くようになっている。指を強く引っ張ったり、関節を曲げたりすると骨同士が少し引き離されて、関節腔の中が広くなる。すると、内部の圧力が低くなる。このときに、関節液が気化して小さな泡ができる。ポキポキというのはこの小さな泡が弾ける音だ。

ポキポキ音は、続けて鳴らそうとしてもダメで、1回ポッキリだ。関節の関節液からできる泡は、一度破裂するとしばらくできない。だから、続けては鳴らせない。

女性はなぜ、男性の指に惹かれるか？

女性の多くは、男性の指に惹かれるという。イギリス・リバプール大学のマニング教授によると、男性の手は、胎児のときからその影響下にある男性ホルモンによって骨太で筋肉質となるほか、利き手の薬指が人さし指より長くなるという。

マニング教授の調査によると、プロサッカー選手は、トップクラスほど薬指が長かった。すなわち、指には男らしさが宿っているのである。だから女性は、つい男性の指に惹かれてしまう。

日本人は、右手の爪が早く伸びる。なぜか？

爪を切っていて、手の爪は、足の爪より伸びるのが早いと感じたことはないだろうか？　じつは、足の爪より、手の爪の方が2倍ほど早く伸びる。さらに、手の指でも、指によって伸びる早さが違う。人差し指や中指は早く、小指は一番遅い。爪の伸びは、血流が関係しているからだ。

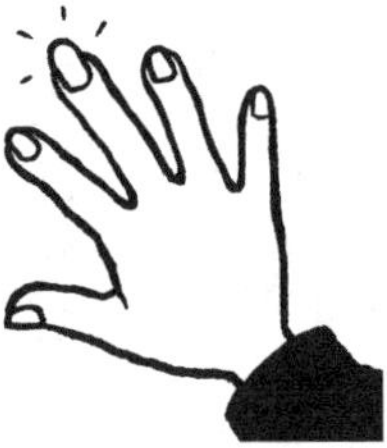

爪は髪や皮膚と同じ角質でできているが、角質の主な成分はケラチンというタンパク質だ。血流がいいと、爪に必要な栄養が届けられる。よく動かす指は運動量が多く、体温も上がり、血流が増えて栄養も届く。だからよく伸びる。

日本人は右利きが多いから、左手の指より右手の指をよく動かす。それで右手の爪がよく伸びる人が多い。中でも中指が一番早く伸びる。人さし指の方が頻繁に使っていると思うかもしれないが、実際は中指が長いので、一番はじめにモノに触れ、しかも持ったときに重さが一番かかっている。持ち上げるときも、中指に力が入っている。

手の小指で、相手の全身を動かせる。ホント？

小指の筋肉をおおっている膜（筋膜）は、二の腕から肩甲骨までつながっている。そのため、小指を使うと、腕だけでなく背中や体幹の筋肉につなげた力を出せる。ためしに立って、自分の小指と薬指を握り、腕を上向きに曲げてみよう。その腕に、椅子に座った相手の両手を引っかける。その姿勢で引っ張ると、相手を椅子から立ち上がらせることができる。これは、小指と薬指を伸ばした状態ではできない。

一方、親指をおおっている筋膜は、胸の部分とつながっている。小指の代わりに親指を曲げて、これと同じ動きをしても、相手は動かせない。肩のところの筋肉（三角筋）に力が入り、腕の筋肉しか使えないからだ。

足の指は、手と違って、みんな同じ方向を向いている。なぜ？

人間の手の親指は、他の４本と向き合っているが、足の指は、親指も他の指もみんもともと、サル、ゴリラ、チンパンジーなどの霊長類《れいちょうるい》は、手も足も、親指が他の4本の指と向かい合っている。て木の枝を握り、木の上を歩き、跳ねたりできる。

人間も霊長類なのだが、木から地上に降りて、立って歩くようになった。それで、足の親指は枝を握る必要がなくなり、その代わりに立ったり、走ったりするのに都合がいいように、他の指と同じ方向を向いた。足自体もアーチ構造の土踏まずができ、体を安定して支えられるようになった。歩いたり、走ったりするとき、最後に足の親指に体重がかかるため、親指が踏んばれるように大きくなった。

一方、人間の手は、ものを握ったり、つまんだりすることに進化した。親指とその周りの関節が発達し、道具を作り、器用に使えるようになった。

目を閉じて片足で立つとき、なぜ左足で立ってしまうのか?

「目を閉じて片足で立て」と言われたら、あなたは、どちらの足で立つだろうか。たぶん左足だろう。では、ボールを蹴るのはどっちか。ほとんどの人は右足だろう。日本人の足は、足の裏の着地面積が左足の方がやや大きく、歩行中、着地している時間も左足の方がやや長い。つまり、左足で体を支え、右足は自由に動かせるようになっている。足の専門家は左足を支持脚、右足を自由脚とか運動脚といっている。

下駄や草履は、なぜ体にいいか？

足の親指と人差し指の間には、神経が集まっている。この神経は、足や足の指の運動と感覚をつかさどる神経（総腓《そうひ》骨神経《こつしんけい》）につながっている。ここが鈍くなり、筋肉が弱ると、足の指で踏んばれなくなったりする。

お年寄りは、少し高さのあるところでも、つまずきやすくなる。足の甲やすねの筋肉が弱って、つま先が上がらなくてしまうからだ。下駄や草履をはくと、足の親指と人差し指をよく使い、この神経をよく刺激するのだ。足の指を鍛えることが、踏んばる力をつけるので、柔道の選手たちは足の指を使って歩くようなトレーニングもしている。

子どもも大人も、なぜアイスクリームが好きか？

アイスクリームが嫌いという人はあまりいない、と思う。その理由について、農学博士の稲垣栄洋《ひでひろ》氏は、アイスクリームの香りであるバニラに含まれているバニリンが、動物の母乳にも含まれている香り成分だからでは、と著書に書いている。人間はもちろん動物である。ただ、バニラは高価なので実際に使われているのはバニラエッセンスという香料だが、香りは同じだ。

自分で体をくすぐっても、くすぐったくない。なぜ？

脇の下、首筋、足の裏、耳の周り……。人からくすぐられると、大変くすぐったい。なぜ、くすぐったいかというと、急所だからだ。ここは表皮の近くを動脈が走っていて、ケガをしたり、攻撃されたりすると命に関わる場所だ。それで、その危機を回避するために神経が集まって、外部からの刺激をいち早く察知できるようになっている。だから敏感だ。「触られる」という外部の刺激がくすぐったく感じる。

ところが、自分でくすぐってもなんともない。自分がやることは、すでに脳が知っているからだ。脳が知っているので、外部の刺激として警戒する必要がない。だから、くすぐっても、くすぐったくないのだ。

赤ちゃんは足の裏をくすぐっても、ひっこめない。なぜか？

足の裏が「くすぐったくない」のではない。生まれたばかりの赤ちゃんは、自分の足の裏がどこにあるのか、まだ、わからないのだ。赤ちゃんは、自分の「体の形」がわからない。感覚はあるから、くすぐられると、モゾモゾと不快な感じはしている。だが、それが自分の体のどこからきているのかわからない。だから、足の裏をくすぐっても、足をひっこめない。

赤ちゃんは、生まれて3ヶ月くらいすると、手をじっと見る。「ハンドリガード」というしぐさだ。赤ちゃんはこのときも、はじめは、その手が自分の体の一部だとはわからない。ただ目の前にあったから、見ているだけだ。「これは何だろう」くらいの感じだという。手を動かすとモゾモゾするので、しだいに赤ちゃんは、目の前で動いているものが自分の体の一部だとわかってくる。こうして、赤ちゃんは脳の中で刺激をつないで、自分の体を「自分のものだ」と理解していく。

顔の中で、どうして唇だけが赤いのか？

口の中は赤い粘膜だ。唇は、口の中の粘膜が外にめくれたものだ。だから赤い。口の中の粘膜が外にめくれて皮膚へと移るのだが、人の唇は粘膜が皮膚へと移る間のものだ。動物の中で唇を持っているのは、哺乳類だけだ。魚にも、トカゲにも、鳥にもない。

どうして、哺乳類だけに唇があるかというと、赤ちゃんが乳を吸うためだ。唇は、乳首を含んで乳を吸えるように、すぼめることができる形になっている。唇を自由に動かして、乳がこぼれないようにできる。

赤ちゃんが乳を吸う大事な唇だから、とても敏感にできている。唇は指先よりはるかに多くのセンサーがあり、すばやく感知して、脳に電気信号を送るのだ。

どうして赤ちゃんは、何でも口に入れるのか？

赤ちゃんは生後4ヶ月頃から何でも口に入れるようになる。好奇心からだが、赤ちゃんは口に入れて、それが何なのか確認している。赤ちゃんは、視覚や聴覚などはまだよく発達していない。しかし、口は生まれてすぐにおっぱいを飲むために、よく使う。口の周りの筋肉は発達し、唇や口の中の感覚が敏感だ。そのため何でも口に入れて、気になるものが何なのか知ろうとする。口に入れて得た情報や刺激は、赤ちゃんの脳も刺激し発達させている。

さらに赤ちゃんは、口に入れて得た情報から、視覚や聴覚や味覚も鍛えている。「共感覚」という能力だ。口という1つの器官で得た情報を、いろいろな感覚から察知するのだ。これは、赤ちゃんの脳が発達途中のときに見られる特有の能力で、生後半年から1年で自然に消える。

夏に汗びっしょりの子ども、じつは汗っかきではない!?

小さい子どもは、夏や運動をしたあとに、暑そうにホカホカと赤い顔をしている。だが実際には、たくさんの汗をかいてはいない、と皮膚科の専門医は言う。

赤ちゃんと大人は、体の大きさはまったく違うが、体にある汗が出る穴（汗腺《かんせん》）の数は同じだ。この数は一生同じ。とはいえ、すべての汗腺が汗を出すわけではない。

子どもは、体が小さいために汗腺が密集しているが、発汗能力は発達していない。このため汗を上手にかけず、汗の量は多くはない。子どもの汗の量は大人の半分の量しかない。うまく汗をかけない子どもは、体温を調整するため、血流量を増やし、皮膚の温度を上げて体の熱を外に出している。子どもが上手に汗をかけるようになるのは、思春期あたりからだという。

なぜ、体重計で体内の体脂肪率を測定できるか？

人体の約70％は水分だから、筋肉も内臓も骨も電気をよく通す。一方、体内に蓄えられている脂肪は電気抵抗（電気の通りにくさ）が大きい。体脂肪を測定できる体重計は、微弱な電流が体内を流れるようにしてあるので、この電気抵抗の大きさを測定できる。電気抵抗の大きさは、すなわち、体内の脂肪の割合だから、それを体重と比較すれば体脂肪率が何パーセントか算出できるわけだ。

脂っこいものを食べると、なぜお腹を壊すか？

胃に入った食物は、約1時間半かけて胃液で消化され、液状になって十二指腸、小腸に送られるが、固いもの、脂っこいものは消化に3～4時間かかる。一方、液体は胃にはほとんどとどまらない。とくに、冷たい液体はそのまま通り抜けて小腸に行ってしまう。だから、脂っこい焼肉などを食べながら、冷たいウーロン茶や水を飲むと、脂分が液体に流され胃で不消化のまま小腸に送られる。その結果、消化吸収されずお腹を壊すのだ。

なぜ、鼻をつまむと味がわからなくなるのか？

私たちが味として感じているのは、舌にある細胞から入ってくる味覚の情報と、鼻から入ってくる嗅覚の情報を一緒にしたものだ。鼻をつまむと嗅覚が効かない。だから、味が変わる。

食べ物の匂いは、「おいしい」と感じる大事な要素だ。舌で味わいながらいい匂い（おいしそうな匂い）を感じながら、料理を味わっている。たとえば、和菓子の桜もちを、鼻をつまんで食べてみると、甘さは感じるがいつもと味が違うと感じる。この味が、もともとの味覚だという。鼻をつまんだ手を離すと、口の中の桜もちの味が変わる。

匂いをかぐとき、鼻をクンクンさせるのは、なぜ？

鼻をクンクンさせるのは、強く吸った空気を、匂いを感知する鼻の中の嗅細胞《きゅうさいぼう》に当てるためだ。嗅細胞は、鼻の奥にある4平方センチメートルくらいの広さの嗅上皮《きゅうじょうひ》という部位にある。この細胞が空気中の匂いの分子をキャッチして、電気信号に変えて、脳に送っている。それで匂いがわかる。

匂いの分子が嗅細胞を素通りしてしまうと、匂いには気づかない。だから、「これは何の匂い?」と疑問に思って、もっとよく匂いの正体を知ろうとするときは、クン、クンと何度かに分けて空気を強く吸い、匂い分子をこの細胞に当てるのである。

花粉症の鼻水がいくらでも出るのはなぜか?

人間でも、ウシでも、イヌでも、涙や汗やオシッコなどの体から出る液体は、元をたどれば血液である。鼻水もそうだ。血液から、赤血球、白血球などの大きな分子を取り除いた残りの血漿《けつしょう》成分が流れ出る。だから、アレルギー物質が鼻の粘膜を刺激する間、いくらでも出てくる。鼻水は、健康なときでも1日1リットル以上は出ているが、唾液の一部として飲み込んでいる。鼻水が口に入ったとき、しょっぱいと感じる。これは、血液には塩分が1%含まれているからだ。鼻水になるとき、塩分も移る。そのために、鼻水もしょっぱい味がする。

くしゃみは口でしてはいけない。なぜか？

そもそもくしゃみとは、鼻の中にある鼻水や異物を吹き飛ばすためのものだ。だから、正しいくしゃみは、「鼻からしなければならない」と人類学の専門家は言う。イヌは口を閉じて、鼻でくしゃみをし、鼻水や異物を吹き飛ばしている。人の赤ちゃんもそうしている。これがもともとのくしゃみの仕方だ。

ところが、人は大人になるにつれ、エチケットを身につけ、鼻の奥の鼻咽頭《びいんとう》を閉じて、口でくしゃみをするようになる。さらに、そのときハンカチなどで口をおおう。このような仕方では、鼻の中の鼻水や異物は取り除けない。

これは、大人のくしゃみのエチケットとしては合っている。だが、鼻の中の鼻水や異物は取り除けていないから、そのあとテッシュペーパーなどで鼻をかむことになる。

人間と鳥、記憶力がいいのはどちらか？

モズは、捕らえた獲物を枝に刺す。速贄《はやにえ》と呼ばれる習性だ。餌の保存が目的のようなのだが、モズはその獲物のことを忘れることがよくある。また、ニワトリは、「三歩歩くと忘れる」といわれる。それで、鳥は記憶力が悪いと思われている。だが、鳥の記憶力は、とても正確なことがわかっている。

では、モズが、せっかく捕らえて枝に刺した獲物を忘れてしまう理由は？　じつは、鳥は正確に記憶するから、少しの変化でわからなくなってしまうのだ。モズが枝に獲物を刺したときの風景は、時間がたつと変わる。風が吹き、葉も落ちる。モズが記憶したときとは変わってしまう。モズは記憶が正確だから、少しの変化でも、それが同じ風景であることがわからなくなってしまう。

人はその点、あいまいに記憶する。あいまいだから、記憶に融通が利く。変化していても、いろいろな情報をつなぎ合わせて、同じもの、同じ場所、同じ人だとわかるのである。

年を取っても、物覚えは悪くならない。ホント？

ホントだ。年を取っても記憶力は保てる。ものをただ覚えるのなら、若者の方が有利だが、好奇心を持ったときには、若者と高齢者とで記憶力は変わらない。興味や好奇心があるときは、脳に覚えやすくなる脳波が出ているからだ。この脳波はシータ波といい、記憶をつかさどる脳の部位「海馬《かいば》」を刺激し、記憶しやすくしている。

だから、物覚えが悪くなるのは、生活がマンネリ化しているからだ。毎日に変化がなく、刺激がなく、ある意味、ラクではあるが脳が飽きている。それが記憶の力を弱めるのだ。

毎日、少しでも変化があって、楽しくワクワクすることや、新しい発見をすると、脳は喜んで活性化する。楽しいと思うことは、脳はよく記憶する。新しい発見や楽しいことは、特別なことでなくてもいい。朝や夕方の、散歩で何か見つけたり、仲間と趣味を楽しんだり、手を使って何かを作ったり。「興味や好奇心を持って生活していると記憶力は衰えない」と脳科学者は言う。

眠っている間に、記憶ができるのはなぜか？

勉強したり、本を読んだりすると脳に情報が送られるが、その情報は脳の中でごちゃごちゃしている。眠るとその間、いったん外からの情報が断たれ、新しい情報が来なくなる。この静かな状態で、脳はそれまで入ってきた情報をせっせと整理する。すると、情報は引き出しやすくなる。つまり、記憶され、思い出しやすくなるのだ。

これも眠る効果だ。大事なのは、情報を断って、脳を静かにすること。だから実際に眠れなくても、目を閉じているだけでもいい。睡眠と同じ効果がある。ひらめきにも、睡眠が効果的だ。「朝、目が覚めたらひらめいた」という経験はないだろうか？　これも、脳が睡眠中に情報を整理し、つなげたからだ。

また、試験勉強は、一夜づけよりも、毎日こつこつする方がいい。勉強と勉強の間に睡眠がはさまるので、そのつど記憶が定着する。

なぜ、脳は頭蓋骨の中でぐちゃぐちゃにならないか？

頭蓋骨の中には、やわらかい脳がつまっている。飛んだり、跳ねたりしても、脳は片寄ったり、ぐちゃぐちゃになったりしない。どうしてだろうか。

脳がつぶれたら大変だから、脳は頭蓋骨の中で浮かんでいるのである。やわらかい豆腐が壊れないように、水に浮かしておくのと同じだ。頭蓋骨の内側に膜があり、膜と脳の間には脳脊髄液《のうせきずいえき》という体液が満ちている。脳も膜におおわれていて、この脳脊髄液の中に浮かんでいる。それで、頭が少々揺れたり何かにぶつかったりしても、脳は直接衝撃を受けないようになっている。ぐちゃぐちゃになったりしない。

脳を浮かばせている脳脊髄液は、いつも作られめぐっている。1日に3〜4回は入れ替わっている。

好きな人に手を握られると、なぜしびれるか？

憧れの人や、好きな異性に手を握られると、ビリビリしびれたという経験がないだろうか？　人間の皮膚は微妙な強さの電気を帯びており、その作用で熱い、冷たいといった皮膚感覚を脳に伝えている。

この電気は、水晶に圧力を加えたときに生じる圧電気と、氷砂糖を熱したときに生じる焦《しょう》電気の２種類と同じものだ。この電圧は、圧力が強かったり温度が高かったりすると上がる。人は「好き」と意識すると体温が上がるので、その人に強く手を握られると、温度と圧力で電圧が急に上がりしびれてしまうのだ。

なぜ、匂いで思い出がよみがえるのか？

お祭りで、たこ焼きの匂いをかぐと、ふっと子どもの頃を思い出したりする。なぜだろう？　匂いは、気持ちと一緒になった記憶を呼び覚ます。匂いをかいだとき、匂いの情報が感情と記憶に関わる２つの脳の部位に、直接送られるからだ。感情に関係するのは、扁桃体《へんとうたい》、記憶に関係するのは海馬という部位だ。しかも、感情に関わる脳を刺激した記憶は忘れにくい。だから、匂いの記憶は忘れにくいのだ。

　匂いをともなった記憶は、再びその匂いをかぐと、そのときの風景やエピソード、気持ちも一緒に引き出す。街を歩いていて、何かの匂いでふっとそのときのことを思い出すのはこのためだ。一方、見たり聞いたりした情報は、理性をつかさどる脳を経由して記憶される。経由しているから、思い出すのに時間がかかる。

どうして恐ろしい目に遭うと、青ざめるのか？

　恐ろしいものに会ったら、手足の筋肉を使って、そこから早く逃げなければならない。そのために、血液が手足の筋肉にたくさん送られるのだ。また、命を守るために心臓や肺にも送られる。その結果、顔や指先といった、血管のはしっこの部分には血液が少なくなる。だから、顔は青ざめ、手足の指先は冷たくなる。

古代、自分たちを獲物にする猛獣などの捕食者に出会ったとき、すぐに逃げなければ襲われて食べられた。それは恐ろしいことだ。だから、恐ろしい目に遭うと血液は末端の部分はあと回しで、手や足の筋肉に先に送り込む仕組みになっている。

歩くとなぜ、脳にいいか？

足には、全身の筋肉の約70％が集まっている。たくさんの筋肉を持つ足を鍛えれば、体力の維持ができる。しかも、歩くと脳を使う。脳が足を動かす指令を出すからだ。3000歩を歩くと、それだけで脳は3000回の指令を出すことになる。しかも、歩きながら何かを発見したり、季節の変化に感動したりする。これも脳をよく刺激する。

歩くと、脳の血液の流れもよくなる。脳の血流をよくする神経伝達物質のアセチルコリンが、たくさん出るからだ。さらに、脳を守る重要なタンパク質も増やす。

もともと人間は食料を得るために歩き、その場の状況を判断し、対応していた。歩くこと自体が脳を活性化させるのだ。若くても高齢でも、年齢に関係なく歩くことは脳にいい。

「やる気」は、やり始めないと出てこない。なぜか？

「やる気が出てから、やろう」と思っていたら、いつまでたっても始まらない。やる気は気持ちの問題ではない。脳の側坐核《そくざかく》という部位が刺激されると、出てくる。この脳の神経細胞が活発に働くと、やる気がわいてくる。

この脳を刺激すればいい。スイッチを入れるには、ともかく、やり始めることだ。嫌々でもやっていると、それが刺激になって側坐核が興奮し始める。するとしばらくして、やる気を起こす神経伝達物質が出てきてやる気になる。やることが先なのだ。気が進まなくても、やり始めるしかない。やり始めたら、意外に集中できるのはこのためだ。

座禅をすると、心がラクになるのはなぜか？

将来を考えられる脳を持ってしまった人間は、将来の不安もいろいろ抱えてしまう。

健康のこと、生活のこと、仕事のこと……。だが、人にはこうした不安の種を大きくしないように、記憶や考えを整理する脳の部位もある。ここが働いて、むやみに不安が大きくならないようにしている。ところが、いつも不安なことを深追いして考えたり抑えつけたりしていると、この脳の働きが弱くなる。すると、脳が整理できず、不安は大きくなってしまう。

座禅を続けると不安の種を大きくしないこの脳が鍛えられて厚くなるという。座禅は、あれこれ考えないように、「今この瞬間」に集中する。姿勢を正して、自分の吐く息を数えることに集中する。よけいなことを考えない。それで心は落ち着いていく。

1回の座禅だけでは、また元の脳に戻ってしまうが、座禅を続けていると、不安を大きくしない脳が鍛えられて厚くなり、血流が悪くならなくなるという。

3章

チーターは、なぜライオンより速く走れるか？

【生きもの】雑学①

恐竜はなぜ、○○サウルス、○○ドンというか？

1841年、大英自然史博物館の館長だったリチャード・オーエンは3種類の大型爬虫類《はちゅうるい》（恐竜）化石にメガロサウルス、ヒラエオサウルス、イグアノドンと命名した。

これら爬虫類はトカゲの仲間だったので、ギリシャ語でトカゲという意味の「サウルス」をつけた。有名なディノサウルスは「恐ろしいトカゲ」という意味だ。また、恐竜化石は歯に特徴のあるものがあり、ギリシャ語で歯を「オドン」というのでイグアノドンと命名した。

陸地で生まれたワニの子は、どうやって川に行くか？

ワニの母親は、卵を産んで子ワニが生まれてくるまでの3ヶ月間、ヘビなどが卵を食べに来ないよう餌も食べず近くでじっと見守っている。そして、生まれるときがくると、卵の中の子ワニが土中から鳴いて呼ぶ。それを聞きつけた母ワニは土を掘り、子ワニを1匹ずつ大きな口ですくい上げ口の中に入れていくのだ。子ワニは大きな声を出して鳴き、置いてけぼりにされないようにする。殻をうまく割れないときは、母ワニが手伝うこともある。

そうして子ワニをみんな口に入れてしまうと、母ワニは、全員を川の方に連れて行って、保育園代わりの浅瀬に出してやる。そこで子ワニたちは2ヶ月くらい、母ワニに守られて過ごし、ゆっくり成長するのである。

動物園のワニは、なぜ口を大きく開けているか？

いつも口を開けているわけではなく、日光浴をしているときだけである。ワニは変温動物なので、口の中の毛細血管に日光を当て体温を上げているのだ。ところで、ワニは塚の中に卵を産むが、孵化《ふか》するときの温度が34度以上だと子ワニはすべてオス、30度以下だとメスになる。30度から34度の間だと半々だ。だから、将来、地球温暖化で気温が上昇するようなことがあるとオスだけとなり、絶滅するかもしれない。

日本にも大昔はワニがいた。なぜ、わかったか？

ワニは熱帯に生息するので、温帯の日本には、過去も現在もいないと思うかもしれないが、そうではない。1964年5月、大阪大学の豊中キャンパスで校舎の建て替えが行われたとき、約45万年前に生息していたとみられるワニの全身化石が出てきた。出土したのが待兼山《まちかねやま》の麓だったことから「マチカネワニ」と命名され、大阪大学総合学術博物館に展示されている。45万年前は、日本も熱帯性の気候だったのである。その後も、各地でワニの化石が出ている。

アフリカゾウの群れは、子ゾウ以外はメスばかり。なぜか？

アフリカのサバンナにいるアフリカゾウは、10~20頭くらいの群れで行動するが、そのリーダーはメスの長老である。おばあちゃんゾウだ。オスのゾウは成長すると単独行動を取るので、群れはおばあちゃんゾウとその娘、孫という母系一族である。おばあちゃんゾウは長年の経験から、季節によって餌の植物が繁茂《はんも》する場所、その近くにある水場などをよく知っており、群れのゾウからとても大切にされている。

キリンは鳴くか？　鳴くならどんな声か？

アフリカのサバンナにいるキリンは、猛獣のライオンやヒョウに気づかれないように、いつもは葉っぱの生い茂るアカシアの樹林にまぎれ込んでいる。白と黒しか見えないライオンやヒョウには、キリンのまだら模様は木々と区別がつかないから、樹林にいると安全だ。また、遠くまで届く鳴き声を出すと気づかれるから、いつも静かにしている。

ではまったく鳴かないかというと、子どもを産むときや敵に襲われそうなときは鳴く。「メェー」でも「ヒヒーン」でもなく、「モー」とウシのような声で鳴く。最近の研究によると、キリンは仲間同士で、人間や他の動物には聞こえないような超低周波音を出していることがわかった。子どもを探すときや危険が差し迫ったときは、ちゃんと連絡を取り合っているのである。

トラはなぜ群れをつくらないか？

ライオンのように群れでいた方が獲物は捕まえやすいのに、なぜトラはいつも単独で行動するのだろうか？　ライオンが生活しているアフリカの草原にはバッファロー、ヌー、インパラ、シマウマなどたくさんの草食動物が群れでいるので、餌に困るという心配は少ない。狩りがしやすい環境だ。

これに対して、トラのいるアジアの森林地帯ではシカやイノシシが餌になるが、そこにはトラが群れで生活できるほどたくさんの獲物はいない。獲物を捕まえるためには、広い縄張りの中を単独で、探し回らなくてはならないのだ。

チーターは、なぜライオンより速く走れるか？

走る最高速度は、チーターが時速120キロメートル、ライオン50キロメートルといったところだ。チーターが速いのは小さな頭、細くて長い足、筋肉でひきしまった胴体と流線形のやわらかい体をしているからだが、ライオンと比べて一番大きな違いは、スパイクをはいているかいないかである。ネコ科の動物は必要に応じて、足の爪を出したり引っ込めたりするが、チーターは出しっぱなしだ。スパイクをはいているようなものだから、爪が地面に突き刺さりすぐ加速できる。3秒で時速65キロメートル、数秒で100キロメートルに達し、最高速度は120キロメートルというすごさだ。といっても持久力がないので、この速度で走れるのは20秒ほど。その間に獲物に追いつかなくてはいけない。

ライオンは、どんなに空腹でも疲れたら狩りをやめる。なぜか？

動物にとって疲労感は「その行動をやめろ」という警報（アラーム）だからだ。もし動物が体力の消耗を無視して獲物を追いかけていくと、ついには動けなくなり死んでしまう。だから、動物は「疲労感アラーム」が出ると、それにしたがって休み、また次のチャンスを狙う。人間も疲労感を感じる脳のシステムは同じなのだが、達成感や意欲、義務を感じる脳の部分が発達しているので、アラームを無視してしまう。

パンダはクマの仲間。クマのように冬眠するか？

クマは木の実、小動物、サケ（鮭）など何でも食べる雑食だが、冬になると餌がなくなるので、エネルギーを消耗しないよう冬眠する。このため秋に、食べられるだけ食べる。そして皮下脂肪が十分蓄えられると、それが合図となって巣穴にこもり冬眠する。一方、クマの仲間のパンダは餌は竹やササだが、パンダがいる中国の山奥では冬も葉が青々と茂っているので食べ放題。しかも竹やササを食べる動物は他にいない。すなわち、餌の心配がないから冬眠はしない。する必要がない。

シロクマの白い毛を刈ってしまうと何色か？

黒だ。シロクマ（ホッキョクグマ）が全身真っ白なのは、氷と雪の世界で餌のアザラシなどに見つからないためである。ヒグマのように灰色や茶色だと目立つので、獲物に逃げられてしまう。しかし、真っ白といっても、ヒツジやヤギのように白い毛でおおわれているのではない。じつは、毛は透明だ。しかも中心が空洞のストロー状で、周りには小さい穴がたくさん開いている。そのため、太陽の光が乱反射して白く見えている。雲や牛乳が白いのと同じだ。

このストロー状の毛は、中の空気によってダウンのように太陽の熱を保ち、また透明な毛を通過した太陽の熱は、その下の黒い肌からたくさん吸収され、厚い皮下脂肪に蓄えられるので、シロクマの体は北極の寒さに負けない暖かさに包まれている。

ゴリラはなぜ、毎晩新しいベッドに寝るか？

アフリカの密林にいるゴリラは、寝るとき、毎晩自分用のベッドを作る。ベッドといっても、近くに生えている木を敷き、その上に草や葉を置いて寝心地をよくしたものだ。木の上に作ることもあるが、たいていは地上だ。ただ、このベッドは一晩だけで、次の夜はまた新しいベッドを作る。なぜかというと、ゴリラはベッドかそのすぐ近くで糞《ふん》をする習性があるからだ。

さすがに、糞の上で寝るのは嫌だから、毎晩新しいベッドを作る。

コアラはなぜ、いつも眠っているのか？

餌に毒があるからだ。コアラは、ユーカリという植物の葉っぱを食べる。この葉は固くて頑丈で、しかも動物や昆虫に食べられないよう、毒のあるユーカリ油を含んでいる。この、他の動物が敬遠するユーカリの葉っぱをコアラが食べられるのは、2メートルもある盲腸を持っているからだ。身長1・7メートルの人間の盲腸が0・07メートルだから、体長0・7メートルのコアラの2メートルがいかに長いかがわかる。この長い長い盲腸の中には、ユーカリの葉っぱの毒を分解する微生物がたくさんすんでおり、そこを葉っぱがゆっくり通る間に発酵させ、消化吸収するのである。

コアラは1日に500グラムくらいユーカリの葉を食べる。そんなに量はないものの、毒を含んでいるので胃腸にかかる負担は大きく、消化吸収が行われている間は、ムダなエネルギーを使わなくてすむように眠っている。ユーカリの葉っぱしか食べないので摂取する栄養が少なく、体力を温存するためにも1日20時間以上眠る。

ブタは太っているか？

ブタがやせているとは、誰も思わないだろう。まるまるとしている。では、体に脂肪がたっぷりついているかというと、そうではない。

ブタは人が餌をやらなければ、野生のイノシシと同じものを食べるから、植物の根や球根、イモ、土の中にいる虫を固い鼻先を使って掘り返す。それには背中の筋肉が強くなければならないし、それを支える他の筋肉も強くなければならない。イノシシが突進してくることはよく知られているが、ブタも突進する。突進して敵に鼻が当たると少し持ち上げてぐいとひねる。これを「ブタのしゃくり」というが、やられると数メートルははね飛ばされ大ケガをすることも珍しくない。昔の養豚場ではよくあった事故といわれる。ブクブク太っているだけではできないワザだ。

すなわち、ブタがまるまるしているのは強い筋肉のせいである。

ブタの体脂肪率は15～18％ぐらいだから、成人男性の平均体脂肪率21％、成人女性の30％よりずっと少ない。

サイの角は骨ではない。では何でできている？

もし博物館でサイの骨格標本を見たら、たぶん不思議に思うだろう。角があるはずのところに何もないからだ。じつは、サイの角はウシやシカ、キリンのように芯に骨のある角ではない。体毛が変化したものだ。毛を束ねたものが、角の形に固まっていると思えばいいだろう。「中実角《ちゅうじつつの》」と呼ばれている。ただ毛といっても硬く、サイは岩や木にこすりつけて研ぐので先が鋭くとがり、ライオンやヒョウなど肉食動物を撃退するときには、強力な武器となる。

ウシには角があるのに、なぜウマにはないか？

ウシは反芻《はんすう》動物だから、1日の大半は食べた草を反芻し栄養を取っている。草は栄養価が低いので、できるだけたくさん食べ、じっくり消化吸収しなくてはならない。そのため同じところに群れ集まって、互いを守りながら食べる。もし肉食動物に襲われたら、角を使って戦う。

同じように、草原で草を食べるウマはどうか。ウマは見通しのいいところで、少し飛び出た、よく見える目で広い範囲を監視し、警戒しながら食べている。反芻動物ではないので、胃ではなく長い盲腸と結腸にいる微生物が草のセルロースを消化し栄養を作っている。腸が長いからウマの腹は見ての通り膨らんで大きい。敵が来たらどうするかというと、すぐ逃げる。とにかく走って逃げるのだ。食べた草を腸で消化するので、重心が後ろの方にあって走りやすい。逃げるのに角はいらない。だからない。

ウマは、なぜウマづらか？

ウマはウシと違って胃が1つしかなく、反芻しないので、固い草のセルロースを歯ですりつぶさなくてはならない。そのためには大きな臼歯《きゅうし》が必要であり、それを骨に乗っけるには、長くて頑丈なあごが必要だった。といっても、最初からウマづらだったわけではなく、北米で5000万年前の地層から発見されたウマの先祖エオヒップスは、ウマづらではなかった。柔らかい木の葉を食べていたからである。

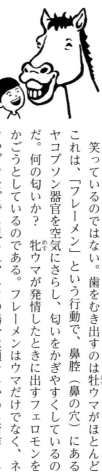

ウマは、なぜときどき歯をむき出して笑うか？

笑っているのではない。歯をむき出すのは牡《おす》ウマがほとんど。これは、「フレーメン」という行動で、鼻腔（鼻の穴）にあるヤコブソン器官を空気にさらし、匂いをかぎやすくしているのだ。何の匂いか？　牝《めす》ウマが発情したときに出すフェロモンをかごうとしているのである。フレーメンはウマだけでなく、ネコやゾウなどでも見られ、ネコの場合は顔をしかめる所作として知られる。笑ったり、怒ったりの感情行動ではない。

ヤギは紙を食べるか、食べないか？

食べるが、食べさせてはいけない。植物の繊維だけでできていた昔の紙はヤギが食べても消化できた。だが、現代の紙は、ぬれてもすぐ破れないように紙力増強剤を混入したり、また印刷物だとインキや油、そして紙そのものには炭酸カルシウムなどが混入していたりするので、食べると腸閉塞《へいそく》を起こしたり、死んでしまうこともある。ヤギは反芻動物で、ウシ同様に4つの胃を持ち、植物のセルロースを消化する微生物も蓄えている。

寝たふりをすることを「タヌキ寝入り」というが、なぜタヌキか？

こんな話がある。昔、猟師が柿の木に登ろうとしているタヌキを見つけ、鉄砲でズドンと打つとドサっと落ちて動かなくなった。これ幸いと背中のかごに放り込み、たぬき汁にしようと持って帰ったところ、タヌキはかごから消えていた。猟師はいっぱい食わされたと地団駄《じたんだ》踏んだが後の祭り。

だがじつは、タヌキはものすごく臆病な動物で、他の動物に追いつめられたり、猟銃のズドンという音に驚くとショックのあまり気絶する。が、しばらくすると息を吹き返し、逃げ出すのである。まるで、死んだふりをして猟師を化かしたかのようだ。

ここから「タヌキ寝入り」という言葉ができたのだといわれる。

富士山には、なぜニホンザルがいないか？

富士山には、標高1000メートルあたりに広がる青木ヶ原樹海などの樹林帯があるので、ニホンザルの餌にはこと欠かないように思われる。しかし、じつはニホンザルは森のサルではなく、岩場のサルなのである。

富士山は、標高2300メートルの森林限界以上になると砂礫《されき》におおわれ、2800メートル以上になると溶岩流があらわになっている。植物も背の低いダケカンバやカラマツがはうように生えているだけで、ニホンザルがすみつけるような岩場はどこにもない。2300メートル以下の樹林帯やその下に広がる青木ヶ原などは、リスやニホンジカ、キジなどの森にすむ動物にはいいが、ニホンザルには向いていない。

さらにニホンザルの生活に欠かせない水が、富士山にはないのである。ニホンザルは渓流が好きだが、それもちろんない。谷川や水のわき出す泉、池や沼もない。富士山では雨や雪はすべて高地の砂礫に吸い込まれ、地表に出て渓流になるのはニホンザルのすめない人家近くになってからである。

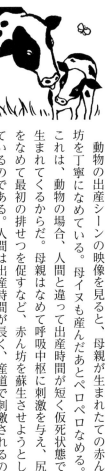

動物はなぜ、生まれたての赤ん坊をなめるか？

動物の出産シーンの映像を見ると、母親が生まれたての赤ん坊を丁寧になめている。母イヌも産んだあとペロペロなめる。これは、動物の場合、人間と違って出産時間が短く仮死状態で生まれてくるからだ。母親はなめて呼吸中枢に刺激を与え、尻をなめて最初の排せつを促すなど、赤ん坊を蘇生させようとしているのである。人間は出産時間が長く、産道で刺激されるので、生まれるとすぐ産声を上げ呼吸を始めることができる。

ナマケモノは背中に、なぜコケを生やすか？

南アメリカの熱帯雨林に生息しているナマケモノは、木にぶら下がったままほとんど動かないので、背中に緑のコケが生えている。食事は、夜になって木の葉を食べるだけ。1週間に1回は地上に下りて排せつする。こうしてジャングルの植物にまぎれ込み、天敵のジャガーから身を守っている。しかし、地上から見えなくても、上空のワシの鋭い目はごまかせない。ワシの餌の3分の1はナマケモノだという。

野生動物は、なぜ虫歯にならないか？

口の中の細菌によって食べ物の糖分が酸になり、歯のエナメル質を溶かすことによって虫歯はできるが、野生動物は糖分を食べないので虫歯にはならない。ただ、固い木を噛んでしまったり、骨や石を噛んだりして歯が欠けることがある。そこから虫歯になることがあるが、そうなると餌を十分得られなかったり消化できなかったりして、体力が急激に落ちるので長生きできない。その意味でも、虫歯の野生動物はいないといってよい。

なぜ、ウサギは1羽、2羽と数えるのか？

今は1匹、2匹と数えることが多いが、少し前までウサギは1羽、2羽と数えていた。なぜなら、ウサギは「ウ＝鵜《う》」と「サギ＝鷺《さぎ》」だから、鳥の仲間だとこじつけたのである。なぜ、こじつけなくてはならなかったか？

明治になるまでケモノ（四足の動物）は食べてはいけなかった。しかし、鳥肉によく似たウサギの肉は昔から食べていたので、四足のケモノではないというために、鳥のように1羽、2羽と数えたのである。また、大きな耳が鳥のようだから、というこじつけ説もある。

イヌとネコ、どっちがよく眠るか？

同じだ。ネコは、しょっちゅう眠っているように見える。動物の1日の睡眠時間を調べたランキング結果でも、コアラ、ナマケモノの20時間、ライオンの15時間には及ばないものの、ネコは13時間だから、1日の半分以上は眠っている。これに対してイヌは、いつも元気にしっぽを振ったりじゃれついたりするので、眠ってばかりではないと思っている人も多いだろう。イヌの眠りは浅く耳がいいので、人が近づくとちょっとした物音でもすぐ目を覚ます。だから、そんなに眠っていないように思えるが、とぎれとぎれの時間を合わせると13時間となり、ネコと変わらない。

ライオンは狩りをして餌を得るが、百獣の王といえどもなかなかありつけるものではない。だから、ムダなエネルギーを使わないよう、眠って狩りに備えている。ネコやイヌも人に飼われる前は、ライオンと同じように狩りをしていた。だから、しっかり眠って体力を蓄えておく習性が残っているのだ。

イヌとネコでは、どちらの耳がいいか？

イヌの鼻がいいことは警察犬や麻薬犬でよく知られているが、耳もいいことは、飼ったことのある人なら知っているだろう。人間の耳に聞こえるのは2万ヘルツまでだが、イヌは8万ヘルツまでだから4倍以上だ。人間には聞こえない地下水の音も聞こえるという。

しかし、ネコにはかなわない。ネコは物陰から獲物を狙い、20メートル先のかすかな動き、息づかいもキャッチできる。イヌには、そこまでの能力はない。

肉食のネコが、なぜ、ときどき草を食べるのか？

ネコが「肉と魚のどちらを好きか」を調べたところ、全部のネコが肉好きだったという実験結果がある。「ネコにかつおぶし」というが、実際は、ネズミ、ヘビ、トカゲなどの小動物が好みなのだ。その肉食のネコがときどき草を食べるのは、ザラつく舌で毛づくろいし、飲み込んだ毛を植物繊維に絡め、毛玉にして吐き出すためである。吐き出さないと毛球症《もうきゅうしょう》で体が弱る。キャットフードには、糞と一緒に飲み込んだ毛を排出する成分の入ったものもある。

知らないネコと仲良くなるには、どうしたらいいか？

動物行動学者の日高敏隆氏によると、匂いで世界を見ているイヌと違って、ネコは目で世界を見ている。だから、知らないネコと仲良くなろうと思ったら「目が大切」だという。はじめ、ネコは目を大きく開いてじっとこちらを見るが、これは関心はあるが警戒しているというサイン。このとき、こちらも目を大きくしてじっと見つめるとネコは警戒モードに入る。

ではどうすればいいのかというと、ネコの目を見たらすぐ、できるだけゆっくり目をつぶる。目をつぶったままの相手は普通攻撃しないから、ネコは警戒しなくなる。そのあとゆっくり目を開く。しかし、ネコが目を開いていたらすぐ、またゆっくり目をつぶる。これを繰り返していると、こちらが目を開けてネコの目を見たとき、ネコもゆっくり閉じるようになる。ネコが警戒を解いたのである。「ゆっくり」が大切だ。

なぜ、耳が立っているイヌと垂れているイヌがいるのか？

イヌは、オオカミを人間が飼いならしたものだから、もともとはオオカミのように耳が立っていたと考えられる。オオカミの群れの行動範囲は、１３００平方キロメートルと広いので、そこにいるシカなどの獲物を見つけるために視力、嗅覚、聴覚をフルに使わなくてはならない。また、仲間同士の連絡のため、わずかな音でも逃がさないよう耳を動かす筋肉が発達し、ピンと立っている。しかし、人間といるようになったイヌのあるものは、狩りをしたり、自分で身を守らなくてもいいので耳の筋肉が弱くなった。耳が垂れている動物というと、ブタ、ウサギ、ヒツジなどだが、いずれも家畜である。垂れた耳のイヌが可愛い、おもしろいと思った人がさらに耳の垂れたイヌをつくり、たくさんの耳の垂れたイヌの種類ができたのだ。

ダックスフントは、なぜ胴長短足か？

ダックスはドイツ語で「アナグマ」、フントは「イヌ」だ。アナグマは斜面にいくつかの出入り口のある穴を掘って生活しているが、猟犬であるダックスフントはその巣穴にもぐり込んで、アナグマを引きずり出す。狭い巣穴にもぐり込むには足が短くなくてはならない。さらに、アナグマを引きずり出すときは後ろから出すため、胴長の方がいい。

人気の高いミニチュア・ダックスフントは小さなウサギやイタチの巣穴にもぐり込めるよう改良された種類である。元気がよく、散歩が大好きだ。しかし胴長なので腰に負担がかかりや

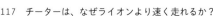

すく、ヘルニアになりやすい。注意が必要だ。

ブルドッグは、なぜ鼻がぺちゃんこか？

愛嬌のある顔のブルドッグは、そもそもは18世紀にイギリスで牡牛《おうし》（英語で「ブル」）とイヌを闘わせる見せ物のためにつくられた種類で、牡牛の鼻先に噛みつきやすいよう鼻が短くつくられた。のちにこの見せ物は禁止され、ブルドッグは人に可愛がられるようになって、性格もおとなしくなった。

アメリカ人は、なぜリスを食べるか？

イギリスでは近年、北アメリカから入ってきたハイイロリスが勢力を増し、在来のアカリスが追いやられるという事態になったため、ハイイロリスを駆除し、食肉として利用している。レシピも、煮込み、シチュー、パイと盛りだくさんで、しかも美味というので人気がある。じつは、アメリカでは昔から鶏肉やウサギ肉と並んでリス肉を食べていた。昔から食べているから、今も食べている。「なぜ」という理由はない。

モグラは日光に当たると死ぬ、はホントかウソか？

ウソ。モグラの死骸が転がっていることがあるので、太陽に当たって死んだと誤解されているようだが、日中に地上を歩くことだって珍しくない。人間が知らないだけだ。死んだモグラは縄張り争いで仲間に攻撃され、地上に追い出されて餓死したのである。モグラはものすごい大食漢で、12時間以上餌なしの状態に置かれると餓死する。地中生活に適応しているので、長時間地上に追い出されると餌が食べられずに死ぬ。

夜行性のムササビは、昼間どこにいるか？

ムササビは山や森林ならどこにでもいるので、日本ではそれほど珍しい動物ではないが、夜しか活動しないのであまり見かけない。昼は、枝や樹皮が落ちて白い木肌がむき出しになった枯木の、直径15センチメートルくらいの洞《ほら》の巣で眠っている。夜が始まると、クルミやドングリなど木の実を求め、洞を飛び出し木から木へ移動する。

クジラの潮吹きは海水ではない。何か？

背中から噴水のように出ているクジラの潮吹きの絵があるが、間違い。クジラは人間と同じ哺乳類だから、ときどき水面に出て空気を補給しなくてはならないが、その前に、肺にためている空気を頭の天辺《てっぺん》にある鼻の穴から噴き出す。強い力で噴出された呼気は、外に出ると急に圧力が下がるので温度が下がり、含まれていた水蒸気が、瞬間、霧のようになる。それが白くくっきり見えるのである。海水ではない。

クジラは水を飲まない。飲まなくて、なぜ元気か？

人間と同じ哺乳類のクジラだから、魚類と違って塩分をろ過できない。しかし、海水と体液の浸透圧の差から、体内の水分は少しずつ失われるので補給しなくてはならない。どうしているか？　答えは、餌から摂取しているのである。クジラは小魚やオキアミなどの餌を大量に食べ、その中に含まれる水分を吸収している。さらに、餌の栄養分を代謝で燃やしたときにも水分が発生するのでそれも取り込んでいる。

クジラは子クジラに、どうやって乳を飲ませるか？

クジラは人間と同じ哺乳類だから、母親が乳を与えて子クジラを育てる。といっても乳首を出していたのでは乳が海中に漏れてしまう。母クジラの乳首は体内にあり、子クジラが近づくと外に出して含ませる。子クジラの舌は筒状になっているので、吸いつくと勢いよく乳が噴出し外には漏れず、短時間で授乳できる。子クジラは呼吸するため海面に出なくてはならないので授乳に時間をかけられない。1日数回授乳する。

ペンギンはなぜ、よちよち歩きか？

ハトもハクチョウもカモメも、鳥はみんな体の中ほどに足があり、尻の方にはない。なぜペンギンだけ尻の方にあるのか？　それは、ペンギンがそのほとんどを海の中で生活する海鳥だからである。

いわゆる水鳥は、水面に浮かんで、足のひれで水をかくので、陸の鳥に比べると足が後ろについている。そのため歩くときは少し体の前方が立った姿勢になるが、ペンギンはそれがもっとも進んだ形ということだ。すなわち、すっきりした体型で海中をあたかも飛んでいるようなスピードで泳げるよう、足が尾の近くに移動したのである。

また、ペンギンには手のように見える部分があるが、これはフリッパーという。他の鳥の羽に当たるが、オールのようにスイスイ水を切って泳ぐのに使われる。

ペンギンはなぜ、北極にいないか？

北半球のヨーロッパ大陸で化石が発見されているから、大昔だが、北極周辺にもペンギンはいたらしい。現在は、南極周辺の島々を中心に南半球の広い範囲、オーストラリア、ニュージーランド、南アメリカの南部、南アフリカの南部、さらに赤道直下のガラパゴスにいる。北半球から消えたのは、空を飛べて、しかも海にももぐるウミガラスなど、餌を同じくする他の海鳥との生存競争に敗れた結果と考えられている。

カメはなぜ、甲羅干しをするか？

甲羅干しというのは日光浴だが、カメだけでなく同じ変温動物のヘビやトカゲなど爬虫類《はちゅう》はみんな日光浴で体温を上げる。周囲の温度が低いと、体温も下がって活動できなくなるからだ。カメの甲羅の下には毛細血管が張りめぐらされていて、日光で甲羅の温度が上がると、温められた血液が全身をめぐり体が温まる。また、体を紫外線に当てることにより、骨や甲羅が成長する。甲羅についた寄生虫を退治することもできる。

大人のカラスの口の中は、何色か？

絵に描かれたカラスのくちばしが黄色というのは、よくある間違いである。日本のカラスは、都会で見かけるハシブトガラスと田舎に多いハシボソガラスだが、どちらもくちばしは真っ黒、羽も真っ黒、口の中も真っ黒である。いやいや、口の中はピンクだというかもしれないが、それは幼鳥の場合だ。1～2年たつと黒ずんだピンク、大人になると真っ黒になる。人間が日焼けをするとメラニン色素ができて黒くなるが、カラスは生まれたときからメラニン色素を持っている。だから黒い。

それにしても、カラスはなぜ全身真っ黒なのか？　暗い森の奥深くで生活するには、黒の方が目立たず都合がよい。目立つと天敵のワシやフクロウに襲われるからだ。

日本アルプスのライチョウは、マイナス20度の厳冬の夜、どこで眠る？

立山や穂高、乗鞍岳《のりくらだけ》など日本アルプスに登ったことがある人は、ライチョウを見かけたかもしれない。日本では特別天然記念物に指定され、生息数も2000羽と少ないが、世界の北の地方にはたくさんおり、日本にいるのはその一番南である。住処《すみか》は一年中変えず、気温がマイナス20度以下になる冬も高山にいる。

ライチョウの羽毛が、上空から狙う天敵のワシやタカに見つからないよう、夏は岩と同じ褐色、冬は純白と、季節によって生え変わることはよく知られている。

冬のライチョウの体は、夏の姿からは想像もつかない純白の大きなボールのようになっている。包んでいる羽毛は軸が2つに分かれ、軸には細かい毛がたくさん生えている。この毛がダウンコートのように体の温かい空気を保っているのである。足もつま先までふわふわの羽毛におおわれているので、雪の中に沈み込むことはない。

そして、気温がぐんぐん下がる夜は、雪の中に穴を掘ってもぐり込む。この穴は北国のかまくらのようなものだから風も入ってこないし、マイナス20度の外よりは暖かいので、ダウンコートを着込んだライチョウには快適なのである。

インコのくちばしは、なぜ曲がっているのか？

鳥のくちばしの形は何を餌として食べているかによって違い、インコはヒマワリのような堅い殻の種を割って食べるので、上のくちばしが曲がっている。

オウムや九官鳥と同じように、インコも人の言葉をしゃべる。ペットとして飼われているセキセイインコは、小型のインコの中でももっとももしゃべるのが得意で、100種類以上の単語を話したという記録もある。だが、人の言葉をしゃべるために曲がっているのではない。そのくちばしは硬くてとても強い。

ツルは、なぜ1本足で眠るか？

ツルが1本足で眠るのは、もう1本を羽の中にしまい、体温が逃げないようにするためだ。また、足のつけ根には毛細血管の塊であるワンダーネットがあり、体内の温かい動脈血と、立っている足から戻ってきた冷たい静脈血の熱交換が行われている。動脈血は冷やされて足に流れ、静脈血は温められて体内に戻るので、体温は一定に温かく保たれる。また、足には冷たい血液が流れるので冷気を感じないし、凍傷にもならない。

よその巣に迷い込んだカモメのヒナはどうなるか？

カモメは巣を、ハヤブサ、トビ、ネコ、ヘビなどの敵に襲われないような岩場や断崖、小さな無人島などに集団で作る。集団なので1つのつがいが使える縄張りの広さは1平方メートルと狭い。自分の巣のすぐそばにとなりの巣があるから、ヒナが成長して自分で動けるようになると、となりの親鳥がエサを取りに出かけている間に間違って迷い込んでしまうことがある。すると、帰ってきたとなりの親鳥は、声で自分のヒナではないとわかるので、そのヒナの頭をつついて殺してしまう。

親鳥が持って帰ることのできる餌が限られているので、他の巣の子どもまで育てる余裕がないからだ。発育が遅れると、成長しても一人前に餌が取れなくなるので、生存競争に負けてしまうからである。

カモやオシドリなどの水鳥は、なぜ沈まないか？

水鳥を観察していると、頻繁に、しっぽのあたりにくちばしを持っていくが、これは尾脂腺《びしせん》から出る脂を羽に塗りつけているのである。この脂のおかげで、外側の羽は水をはじく。外の羽の内側にはふわふわの羽毛（ダウン）が生えているが、ここには空気がたくさん含まれ、浮き袋の役割を果たしている。また、鳥は空を飛ぶために骨が中空になっており体が軽い。だから、羽毛の空気で水に浮くのである。

海鳥は水を飲まなくても平気か？

動物は水なしでは生きられない。人間も生きていくために1日当たり約3リットルの水を飲むが、もしこれを海水にすると、3リットル中に約100グラムの塩分が含まれているので塩分の取りすぎになる。体がおかしくなるので、真水を飲まなくてはならない。

ならば海鳥はどうか？　じつは海鳥は海水を飲んでいる。体の中に塩分をろ過する装置があって、海水から塩分だけをこし取って体の外に出し、水分を吸収している。この装置は鼻腺《びせん》といって目の上の両側にあり、いらない塩分は鼻からくちばしを通って外に出される。すべての鳥が持っているが、海鳥は特に発達している。

ウグイスの体の色は何色か？

春になると雑木林で「ホーホケキョ」とウグイスの鳴く声がする。だが、声はするが姿は見えない。それもそのはず、ウグイスはたいてい藪《やぶ》などの低いところをひらりひらりととまりながら移動し、木の枝のような明るく見通しのいいところにはいないので、目につきにくい。しかも体の色は、やわらかい黄緑のうぐいす色ではなく、少しオリーブがかった淡い茶色なので、雑木林や藪の中ではまずわからない。

花札の「梅」にはウグイスのつもりで、黄緑の鳥が描かれているが、これはメジロであってウグイスではない。間違いだ。メジロは日本人が好きなやわらかい色調の黄緑で、ウグイスのように警戒せず、枝から枝へ元気よく動き回る。春先は満開の梅やツバキ、桜が咲いたら桜の蜜を吸いに来る。鳴き声は「チー、チー」というだけである。

ニューヨークや東京の高層ビルに、巣を作る野鳥は何か?

ハヤブサだ。ハヤブサは、海に面した断崖絶壁の岩場に巣を作り、カモメやハト、スズメなどの生きた鳥を獲物にして生活している。時速250~300キロメートルであっという間に獲物に急接近し、空中で捕まえるので狙われた鳥は逃げられない。

そんなハヤブサが高層ビルの林立する東京やニューヨークに出没し始めたのはここ20年くらいのことだ。なぜ断崖絶壁をやめ、高層ビルの張り出しに巣を作るようになったかというと、この2つがよく似ているからである。まず、どちらも高いところにあり絶壁である。だからヒナを狙う天敵が地上から登って襲ってこない。しかもビルの谷間を吹く強風は、海岸の風と同じく急降下や宙返りに好都合である。餌は都会にもハトやスズメがいくらでもいる。まさにいいことずくめなのである。

鳥の耳はどこにあるのか？

鳥は見た目は耳がないように見えるが、さえずって縄張りを主張したり、カラスは鳴いて連絡を取ったりするのだから、もちろん耳はある。といっても、空を飛ぶためには、なるべく体に出っ張りがない方がいいから、イヌや人間のように体の外側に出ている耳はない。

しかし、音を出し、互いに連絡を取っているのだから耳の穴はある。どこにあるかというと、毛でおおわれて見えないが、目の横に穴が開いている。小鳥なら目の後ろの羽をよけるとある。頭に毛のないダチョウやコンドルは、穴がぽっかり開いている。

草食のスズメが、なぜ、ヒナに昆虫やミミズなど肉食餌を与えるか？

スズメは雑食性だが、ふだん食べるのは米、木の実、草の種などがほとんどだから草食系といっていい。しかし、ヒナは完全な肉食系で昆虫やその幼虫、クモ、ミミズなどをたくさん食べる。というのは、ヒナは早く成長し巣立たなくてはならないからで、体を成長させるには動物性タンパク質が必要である。木の実、草の種などは生活エネルギーとしては十分だが、成長の栄養源としては十分ではない。

渡り鳥は広い空を、なぜ目的地に向かって飛べるか？

日本でよく知られている渡り鳥はハクチョウ、ツル、ツバメなどだが、世界には、南極と北極の間を、往復3万2000キロメートルも渡るキョクアジサシ、オーストラリアから太平洋を右回り1周して3万2000キロメートルを渡るハシボソミズナギドリといったすごい渡りをする鳥がいる。それにしても、ただ広がっているだけの空を、何を目標に飛ぶのか不思議に思えるだろう。進路は星座、太陽の位置を手がかりに、地形を見たり、地磁気を感じて決めているらしい。

なぜ、ヒマラヤ上空を飛ぶ渡り鳥は酸素不足にならないか？

1976年秋、ヒマラヤのマナスル（標高8163メートル）上空をソデグロヅルの群れが渡っていくのを日本の登山隊が目撃した。酸素が希薄なこんな超高空を、なぜ飛ぶことができるのか？　その秘密は、肺の中に気嚢《きのう》という、空気をためておく袋があるからだ。吸った空気は肺と気嚢に分かれて送られ、気嚢に入った空気は吐き出すとき肺を通って酸素を送り込む。つまり、1度の呼吸で2度肺に空気を送り酸素不足に備えている。

森や雑木林の小鳥はなぜ、一日中さえずっているか？

自然界では、すべての生物が生存競争をしている。例外はない。だから、小鳥はさえずりを楽しんでいるのではなく、自分の縄張りに、他の小鳥が入ってこないよう警告を発しているのだ。巣のヒナを育てるには、大量の餌の虫を確保しなければならないが、そのためには、一定の面積を占有する必要がある。縄張りを共有したのでは餌が不足する。だから、縄張りに同種の他の小鳥が侵入したら激しく攻撃する。

森に鏡を置くと、なぜ小鳥は激しくつつくのか？

縄張りに侵入した同種の小鳥に対する攻撃が容赦ないことは、剝製《はくせい》の小鳥を置いた実験でも証明されている。縄張りに侵入した小鳥は、普通、攻撃を仕掛けられるとすぐ退散するが、剝製の小鳥は逃げない（逃げられない）。そこで攻撃はエスカレートし、最後には凶暴化し食いちぎってしまうほどである。同じことは、鏡に映った自分の姿に対しても行われる。小鳥は、鏡の中の自分が自分とはわからないので激しく攻撃し続けるのである。

天気がよくない日には、なぜ鳥は低いところを飛ぶか？

鳥が日中に飛び交っているのは、餌の昆虫を捕まえるためである。天気のいい日は、地面が暖められるので、大気も暖かくなり、軽くなって上昇する。すると、昆虫も大気に押し上げられ高いところを飛び交う。だから、それを餌にしている鳥も高いところを飛ぶ。一方、天気が悪くなると、雨や風で地面の温度が下がり、大気が冷やされ上昇しにくくなる。昆虫は地面近くを飛び交い、それを狙う鳥も低いところを飛ぶのである。

なぜ、神社や公園にいるハトの群れに子バトがいないのか？

ニワトリやカルガモはヒナと一緒に行動する。しかし、公園や神社にいるハトは、いつ見ても大人ばかりで、よちよち歩きのヒナはいない。どこにいるのだろうか？

じつは、鳥の育ち方には早成型と晩成型がありハトは晩成型である。早成型は鶏のヒヨコのように、生まれてまもなく巣から出て親鳥と一緒にヨチヨチ歩きを始める。

他方、晩成型は卵からかえって1ヶ月ぐらいは巣にとどまり、親鳥とほぼ同じ姿に成長したところで巣を離れる。ハトは晩成型だから、ヨチヨチ歩きのヒナを見かけることはない。ヒナは巣にいる。

ハトは鳥なのに、なぜミルクで子育てをするか？

ハトがヒナに与えるのはピジョンミルクといい、脂肪とタンパク質がたっぷり含まれた柔らかいチーズのような物質である。ミルクという名称がついているが、ハトは哺乳類ではないから乳ではない。口と胃袋の間に袋状の「そのう」という消化器官の一部があり、その内壁がはがれ落ちたものだ。ヒナは親鳥の口の中から飲む。少し大きくなると、「そのう」で柔らかくなった餌を口移しで食べ、やがて親鳥と同じものが食べられるようになる。

4章

なぜ、イカは1杯、2杯と数えるのか？

【生きもの】雑学②

カレイやヒラメの子どもの目は、親と同じで片側についているか？

カレイとヒラメといえばどちらも平べったくて、2つの目が体の片側にある。海の底に隠れて獲物が近寄ってくるのを待ち構えているのだ。同じような形と色をしているが、見分け方は、よく知られているように、目を上に向けたとき魚の向きが「左がヒラメ、右がカレイ」だ。ただし、この見分け方は日本だけのもので、世界には違うものもいるという。

カレイとヒラメの子どもの目も、親のように体の片側についているのかというと、そうではない。生まれたばかりのときは、他の魚のように細長い体の両側にちゃんとついている。そして成長するにつれて、目が片側に移動していき、浮き袋がなくなって体が平たくなるのである。

なぜ、タイの身は白く、マグロは赤っぽいか？

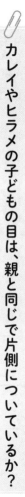

泳いでいる時間が違うからだ。アジ、イワシ、カツオ、マグロなどは赤っぽく、タイ、ヒラメ、カレイ、フグなどは白っぽい。赤っぽい身の魚は、回遊魚といって群れをつくり広い海を泳いでいる。そのため、疲れにくい遅筋《ちきん》と呼ばれる筋肉が発達している。この筋肉には、酸素を運ぶミオグロビンという鉄分を含んだタンパク質がたっぷり含まれている。ミオグロビンが酸素をたくさん運び続けるので長く運動ができる。

これに対して、白っぽい身の魚は近海魚で、デコボコした海岸線で餌を追いかけたり、追いかけられたりしているので、すばやく動かなくてはならない。そのため、すばやく動くのに向いているが、すぐ疲れる速筋《そっきん》と呼ばれる筋肉が発達している。こちらはミオグロビンが少ないので白っぽい。

これは人間にも当てはまり、長距離選手は遅筋、短距離選手は速筋が発達している。

魚は、どこを見れば年齢がわかるか?

タイやコイ、マグロが何歳かは、ウロコにできる木の年輪と同じような模様でわかる。魚は、春から夏にかけてよく成長するので年輪の幅が広くなり、秋から冬は成長しないので狭くなるが、この狭い休止帯を数えれば何歳かわかる。サメやウナギのようにウロコのない魚はどうかというと、頭の骨の中にある耳石《じせき》に年輪があるのでわかる。耳石は体のバランスを取るのに役立つカルシウムの結晶だ。割ると断面に年輪がある。

ちなみに魚の寿命は、サメは70年、タイ30年、ウナギ28年、マグロ20年、ブリ6年といったところだから案外長生きである。

魚屋のイワシは、なぜ、ウロコがはげ落ちているか？

イワシの群れが泳いでいる映像を見ると、ウロコがキラキラ光ってきれいだ。しかし、魚屋のイワシにはウロコがない。もちろん、イワシのウロコを魚屋が外したわけではない。

それは、イワシが他の魚の餌として狙われやすく、危機に瀕すると、自分でウロコを外し目くらましにして逃げるからだ。捕獲されたイワシは、逃げまどって、ウロコを自分で落としてしまったのである。

トビウオはなぜ、空中を飛ぶか？

敵から逃げるためだ。トビウオには大きな胸ヒレがある。海から飛び出すとこれを思いっきり広げ、空中をグライダーのようにして飛んでいくが、その前にまず、海面を時速35キロメートルくらいで泳いで滑走し、高さ3～5メートルまで飛び上がる。そして100メートルぐらい進む。なぜ空中に飛び出すのかは、水中の様子がわかるとナゾが解ける。大型のマグロやシイラなど、トビウオが大好物の肉食魚が襲いかかっているのだ。どちらも体長が2メートルほどもあり、泳ぎも速いので、狙われると水中では逃げきれない。そこでトビウオは水中を脱し、空中に姿を消す。水中からは水面が鏡のようになって、空中のトビウオの様子は見ることができない。

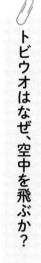

なぜ、イカは1杯、2杯と数えるのか？

イカは泳いでいるときには1匹、2匹と数え、水揚げしたあとは1杯、2杯、干物

（スルメ）にしたら1枚、2枚と数える。捕まえたあと、なぜ「杯」というかというと、昔は足を食べなかったからである。胴体だけだと、内臓を取れば水をすくうのにちょうどいい形（茶碗のような形）なので、1杯、2杯と数えるようになった。

ちなみに、カニも甲羅が水をすくうのにちょうどいいので、1杯、2杯と数えるようになった。マグロやカツオは1本、2本、カレイやヒラメは平べったいので1枚、2枚である。イカの足をゲソ（下足）というが、歩かないので本当は足ではない。腕である。

タコの足はどこから生えているか？

頭だ。マンガやイラストに描かれたタコの絵は、大きな頭にハチマキを巻いて、その下に目があり、真ん中に口が突き出していて、下に8本の足が出ているユーモラスなものが多い。じつは、頭としか思えないこの丸い部分は、本当は胴体である。この中には脳ではなく、胃や腸や肝臓などの内臓が入っている。

頭はこの丸い胴体の一番下にある。ゆでダコで見るとわかりやすいが、そこには口と大きな2つの目があり、この口を取り囲むように8本の足が生えている。足は確かに頭の下から生えているので、同じつくりのイカとともに頭足類と呼ばれている。

なぜ、96本足のタコがいるか？ どこにいるか？

捕獲されたそのタコは、三重県の鳥羽水族館に標本展示されている。なぜ、96本か？ 突然変異ではない。タコは敵に襲われると、捕まえられた足を切り離して逃げ、その後に新しい足が生えてくる。そのとき、2本以上に分かれて生えてくることが珍しくない。これを繰り返せば96本になる。

タコはストレスで自分の足を食べることもあるが、その場合は新しく生えてこない。だから、7本足以下のタコも珍しくない。

なぜ、カニはぶくぶくと泡を吹くのか？

カニは魚と同じようにエラ呼吸で酸素を取り入れている。エラは水を吸い込んでその中の酸素を取り込むので、水がなくなると酸素不足になってしまう。もちろん酸素は、生きていく上で欠かせないので、水のないところでは、カニは体内に残っている水を出してエラに送り込み、わずかだが酸素を取り入れようとする。それを何度も繰り返すうち、蒸発して水分が少なくなり、また、粘液と混ざって粘りが出て、ぶくぶくと泡になる。

だから、カニが泡を吹いているのは、酸素不足で苦しんでいる姿である。

タラバガニはカニではない。では、何か?

タラバガニは「タラバにいるカニ」ということでつけられた名前だ。タラバとは、タラの漁場である。北海道の周りの日本海の北部、オホーツク海や太平洋で行われるタラ漁の網にたくさんかかってくるのでこの名前になったのだが、じつは生物学的にはカニではなくヤドカリの仲間だ。

貝殻を背中にしょってちょこちょこ歩く、あのヤドカリである。すなわち、カニはハサミのついた足が左右に1本ずつ、歩くための足が左右に4本ずつの合計10本足だが、タラバガニは歩く足が3本ずつだから合計8本、残り2本は甲羅の中に退化して、あることはあるのだが外から見えない。見た目が違うのだから別の種類である。

なぜ、棘《とげ》におおわれたウニが、カワハギに食べられてしまうか？

棘におおわれたウニは、どんな敵も寄せつけないように見える。触ると突き刺されかねないくらい鋭い。ところが、この棘をものともせず、ウニを食べてしまう魚がいる。カワハギだ。どうやって食べるか？　カワハギの口はおちょぼ口、しかも、口の周りの皮が異常に硬い。この2つの武器で、ウニの棘をくわえ、時間をかけて1本ずつ引き抜くのである。棘がなくなればあとは簡単である。殻を粉砕し、身をむき出しにして食べる。

クラゲは、なぜ人を刺すか？

クラゲは、敵を攻撃するために刺すのではない。餌を捕るために刺すのでもない。

何か目的があって刺すのではないから、触手が触れたら、それが魚だろうと、木片だろうと、船だろうと、自動的に針が突き刺さり、酸性の毒液が注入されるようになっている。だから海水浴でクラゲに触れると、誰でも刺される。1月頃、クラゲのオスとメスは湾の入り江に集まり受精卵を作る。受精卵はポリプとなり、4月頃にはクラゲに成長して浮遊する。

キンギョすくいのキンギョの正体は何か？

お祭りの夜店といえばキンギョすくいだ。一番多いのは、赤い、いわゆる金魚色の「和金《わきん》」という品種だ。赤と黒のまだら模様や色なしもいて、コイの子どものように見えるが、コイとキンギョは生物学的に別。コイにはヒゲがあるがキンギョにはない。

じつはキンギョは約1700年前に、中国でフナが突然変異して出現した。中国では赤は「幸せを呼ぶ色」なのでこのフナはものすごく大切にされ、のちに品種改良されてキンギョになった。その証拠に、キンギョすくいの和金を藻がびっしり生えた池や水槽で育てると15年くらいは生きる。その間に大人のフナになり、なんと30センチメートルくらいになる。イギリスでは43年も生きた記録があり、体長51センチメートル、体重3キログラムにもなったという。

コイの好物はタニシやシジミ。どうやって食べるか？

池のコイには麩《ふ》やパンくずなど柔らかい餌を与える。だが本当は、固い殻におおわれたタニシやシジミが好物である。その食性は、昆虫やミミズ、ザリガニ、カニ、水草、ゴミなど何でも食べる悪食《あくじき》の魚なのである。で、タニシやシジミをどうやって食べるかだが、のどの奥にある咽頭歯《いんとうし》という歯で殻を噛み砕き、砕いた殻はエラから次々に吐き出す。咽頭歯はフナやウグイ、海のベラやブダイにもある。

ヘビはどうやって餌のカエルなどを見つけるか？

ヘビは、たえず長い舌をちょろちょろ出しながらはっている。「どこかに餌はないか?」と言っているように見えるが……。まさにその通りだ。じつは、あの舌は餌の匂いをキャッチするためのものだ。匂いは匂いの微粒子によって運ばれるので、舌をちょろちょろ出しながらぬれた舌先にくっつけ、それを口の中の嗅覚をつかさどるヤコブソン器官でチェックしながらスルスル進んでいる。首を左右に動かせば、左右の匂いの違いもわかる。

ヘビはすべるように進むが、それでも獲物のカエルやトカゲの速さには及ばない。しかも、目の位置が地上近くなので動いている獲物を見つけるのは難しい。そこで、地面の振動を下あごで感じ、匂いを追跡して獲物を捕まえるのだ。また、ネズミなど動きの速い動物を捕まえるマムシやヤマカガシ、沖縄のハブなどの毒ヘビは、動物の体温(赤外線)をキャッチできるピット器官が目と鼻の間にあり、これを使って音もなく忍び寄る。そして毒牙による一撃を繰り出すのだ。

トカゲは、なぜ餌なしでも生きていられるか?

トカゲは昆虫やクモなどを餌にしているが、変温動物なので、餌が少ししかなくても生きていくことができる。人間をはじめ哺乳類は恒温動物なので、エネルギー源となる食べ物を体内に取り入れなくてはならないが、変温動物は冷血動物ともいわれ体温を維持する必要がない。だから、ほんのわずかの餌でも生きていける。体温を上げるときは、太陽の光を受けるだけでよい。皮膚が固く水分も蒸発しないので省エネで生きられる。

なぜ、オオサンショウウオは別名をハンザキというか？

ハンザキは漢字で書くと「半裂き」だ。オオサンショウウオは九州、中国、中部地方など限られた地域にいる両生類だが、イモリを大きくしたような姿かたちをしており、体長が1メートルに達するものもいる。両生類は再生力が非常に強く、尾や足を切り取っても生えてくる。すなわち、体を半分に切っても（半裂きにしても）死なないくらい生命力が強い、というのがハンザキという名前の由来である。国の特別天然記念物に指定されている。

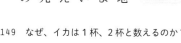

アマガエルは雨が降る前に鳴く。なぜわかるか？

ちょっと曇ってきたなと思ったら、アマガエルが鳴き始めるのはよくあることだ。陽射しがまだ明るいので、大丈夫だろうと思っていると、ポツポツくる。なぜ、アマガエルはあんなに早くわかるのだろうか？　雨雲が近づいてくると気圧が下がり、湿度が急に上がる。カエルは湿度の変化に敏感な生き物である。カエルの皮膚はいつも湿っていて、水分を体内に取り込めるようになっている。体が乾燥すると命に関わる一大事だから、湿度の変化を見張っているわけだ。アマガエルはみんなそれを感じるので、いっせいにケロケロ鳴くのである。

オタマジャクシの尾は、どこに消えるか？

オタマジャクシを飼ったことがあればわかるが、尾は切れて落ちたり、足に変化したりするのではない。成長すると、まず後足が生え、次に前足が生えるが、それと前後して尾はだんだん体内に吸収されていく。水中から上がってきたカエルには、吸収途中の短い尾がついていることもある。オタマジャクシは雑食性で藻類やプランクトンなどを食べるが、意外に獰猛《どうもう》で、メダカと一緒に飼うと食べてしまうこともある。

ヤドカリは、生まれたときから貝を背負っているか？

背負っていない。ヤドカリは漢字で書くと「宿借り」だから、宿である貝を借りている。卵からかえると、ゾエアと呼ばれる幼生となり水中を浮遊する。1ヶ月くらいの間に3～4回脱皮を繰り返すと、ザリガニのような姿になる。その後、海底に下りて貝を探し中に入るのだ。成長すると貝が窮屈になるので、脱ぎ、体のサイズに合った別の貝に借り替える。サイズはハサミを当てて計測し、ピッタリのものを見つける。

すべてのカタツムリは卵を産む。なぜだろう？

すべてのカタツムリは、オスでありメスであるからだ。生物学では「雌雄同体」といい、他にミミズやアメフラシがそうである。雌雄同体だから自分だけで受精することもできるが、普通は、交尾して互いに精子をやりとりする。精子は直接送り込まれるのではなく、精莢《せいきょう》と呼ばれる入れ物ごと相手の中に届けられる。木の根元や土の中に産卵し、1ヶ月後くらいにカタツムリの形をした小さい子カタツムリが生まれる。

冬になると、なぜ、カタツムリの姿を見かけないか？

冬眠するからだ。落ち葉の下や小石の陰などでじっとしている。カタツムリは、7月頃、卵から親と同じ姿かたちの子カタツムリが生まれる。同じ形といっても、殻の巻きが、親の5巻きに対し1巻き半くらいしかない。日本で見かけるマイマイ類は寿命が数年なので、冬が来ると体を殻にしまい、厚いフタをして冬眠する。

4月になって暖かくなると冬眠から覚めるが、どちらかというと夜に活動するので、カタツムリがいると気がつかないかもしれない。小雨が降っている夜は元気に動き回り、梅雨になるともっと活動的になる。が、真夏には暑さ対策で樹木の高いところに登るのであまり見かけなくなる。

カタツムリの殻を取ったら、ナメクジになるか？

カタツムリの殻は取れない。カタツムリの殻は、体からしみ出した石灰分でできているので、ヤドカリのように体とは別に殻があるのではなく、体そのものなのである。だから力づくで引きはがそうとするとカタツムリは死んでしまう。生き物の体には体液（血液など）がめぐっているが、カタツムリの殻にもめぐっていて、小さな穴やヒビができても2〜3日で元通りになってしまう。

ナメクジに砂糖をかけるとどうなるか？

ナメクジは水分から離れられない軟体動物だから、湿気のあるところでしか生きられない。粘液をたえまなく出して、乾燥しないようにしている。はった跡の銀色に光るものも、腹から出したヌルヌルの粘液だ。乾燥したところはいにくいので、湿らせながら進む。水分を奪われるとナメクジは死んでしまうのだ。

だから塩をかけると「濃い方から薄い方に水分が移動する」という浸透圧によって、塩の方に水分が移動するので死ぬ。砂糖も濃いから移動する。ただ、塩の6倍くらいかけなくては効果が出ないから、ナメクジ退治をするのには塩の方がいい。

昆虫やクモはどうやって息をしているか？

昆虫が口で息をしているかどうか、ためしにセミやバッタの頭を水に入れてみるといい。人間だと苦しくなるが、昆虫は平気だ。もちろん死なない。口で息をしていないからだ。では、どこでしているか？

昆虫やクモの多くは、やわらかい胴体の表面に気門《きもん》という小さな空気の取り入れ口が開いており、そこから体の内部に器官が続く。さらにその先が細かく枝分かれして気管小枝という細い管となって全身に広がり、そこから酸素を配り、いらなくなった二酸化炭素を受け取って気門から捨てている。

腹の中では気管の一部が、気嚢《きのう》と呼ばれる袋になっており、ハチやセミなどは腹を伸び縮みさせて空気を入れ替える。

なぜ、カマキリは攻撃する前に、体をゆらゆら揺らすか？

カマキリが体を揺らすのは、ウォーミングアップのためではない。たとえば、草の間で、バッタを狙っているカマキリは、カマのある前足を胸にたたんで、じっと動かず待ちぶせしている。が、攻撃する直前になると体をゆらゆら揺らし、一瞬の動きでカマの前足を伸ばし獲物を押さえつけてしまう。そして、強い歯を使ってムシャムシャ食べる。攻撃する前に体を揺らすと気づかれると思うかもしれないが、昆虫学者によると、カマキリは草がゆらゆら揺れるのと同じ動きをすることで、周りの景色にまぎれ込んでしまうのだという。

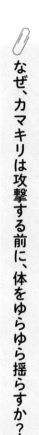

世界一大きいヘラクレスオオカブトは、なぜ体の色が黄褐色か？

ヘラクレスオオカブトは中南米の標高1000～2000メートルの高山にいる、世界で一番大きなカブトムシだ。体長15～17センチメートルだから、日本のカブトムシの3倍以上もある。体が黄褐色なのは、夜に活動するカブトムシがほとんどの中にあって、ヘラクレスオオカブトが昼間から動き回っているからである。すんでいる森の木に合わせて、保護色の黄褐色をしているのだ。体が大きく、それだけたくさんの樹液が必要だから昼間から餌場にいるが、樹木と同じ色なので、鳥などの天敵に見つかりにくい。

羽の表面には細かい穴がたくさん開いており、ここから水分が入ると黒くなる。夜になると、すんでいる高山は霧が出て湿気るので、黒くなり闇にまぎれ込むことができる。夜が明けて太陽の光が射し、羽が乾燥してくるとまた黄褐色に戻るのだ。

カブトムシのオスは、なぜ、角の大きいものと小さいものがいるか？

カブトムシのオスは、角で他のオスを排除しメスを獲得する。大きな角のオスが有利だから、それが繰り返されるうちに、小さな角のオスは自然と淘汰されるはずである。にもかかわらず、なぜ、小さな角のオスが混ざっているか？　ということだが、昆虫学者が調べた答えは、小さいオスは早い時期に羽化し、大きいオスがサナギでいる間にメスを自分の巣に招き、ちゃっかり交尾をすませていたから、である。

なぜセミは、枯れた枝に卵を産むか？

セミのメスは枯れた枝を探し、腹の先にある産卵管で枝に傷をつけ、その中に1個ずつ卵を産んでいく。なぜわざわざ枯れた枝に産むのかというと、もし生きた枝に産んだら、植物が自分を守るために樹脂を出し、卵を閉じ込めてしまうからだ。すると、卵は死ぬ。植物は静かに生えているだけだと思いがちだが、そうではないのだ。

セミはなぜ、オスしか鳴かないか？

夏、成虫になったセミの仕事は子孫を残すことだから、オスはメスに自分の存在を知らせるために鳴く。メスはお腹の中が卵（卵巣）でいっぱいなので鳴くことができない。昆虫学者によると、古代のセミはオスもメスも鳴かず、羽をバタバタさせて相手に知らせていたらしい。これは化石でわかった。しかし、お腹を震わせることのできるオスが鳴く方が、遠くまで聞こえて繁殖に有利なので、やがてオスの体に鳴く器官が発達したという。

昆虫の血の色は何色か？

透明だ。バッタやセミなど昆虫の体にも、もちろん血が流れている。酸素や栄養を体のあちこちに届けなくてはならないからだ。しかし、流れているのは血管の中ではない。なぜなら、昆虫には血管がないからだ。ではどうなっているのかというと、体全体が袋になっており、胃とか腸などの内臓はその中で血にひたっている。もちろん、新陳代謝のため血はどんどん流れなくてはならないから、背中に背脈管《はいみゃくかん》というポンプのようなものがあり、後ろの方から取り入れられた血は、頭のあたりから押し出されて体全体に広がっていく。広がって、また後ろの方で背脈管に吸い込まれていく。

アリは羽がないのに、なぜ昆虫か？

昆虫とは？　理科の時間に習うが「羽が4枚、体は頭・胸・腹と3つに分かれ、足が6本」の生き物だ。では、地面をはっているアリは羽がないから違う？　じつは、アリはハチの仲間である。生物の分類では「ハチ目・スズメバチ上科・アリ科に属する昆虫」で、スズメバチと同じ祖先から1億2000年前に生まれた。これはブラジルで見つかった琥珀《こはく》（木の樹液が地中で固まった化石）の中のアリとハチを詳しく調べてわかった。だから、地面を歩いているアリは羽がなくても昆虫である。

アリの行列はなぜできる？　餌がなくなるとなぜ消える？

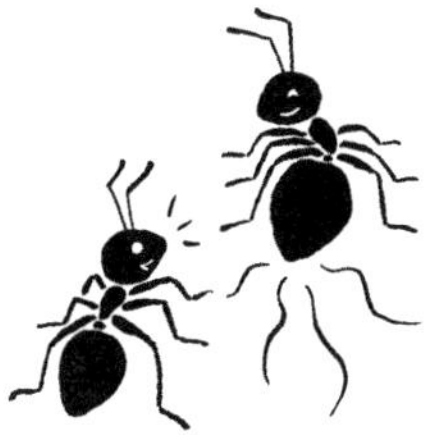

アリは「道しるべフェロモン」という便利な道具を持っている。昆虫の死骸や菓子クズを見つけたアリは、そのカケラを口にくわえ巣に戻るが、そのとき、腹の先の分泌腺から出るこのフェロモンを地面にチョンチョンとつけていく。すると近くをはっているアリがこのフェロモンに出くわし、さらに、さらにと集まって行列となる。道しるべフェロモンは揮発性なので餌

がなくなれば、自然に消え、行列も解散となる。

筆でチョウの羽から「りん粉」を全部取ると、飛べなくなる。なぜか？

チョウやガの羽に触ったとき、指につく粉が、「りん粉」である。このりん粉が雨を弾いて羽がぬれるのを防いでいる。さらに羽の表と裏にはりん粉でデコボコができている。これによって空気の抵抗が少なくなり、自由にひらひらと飛べるのである。顕微鏡で拡大してみると、りん粉の1つ1つがそれぞれの色を持っており、それらが集まってモザイクのようなチョウの色ができている。この粉のおかげで羽ばたきやすく、また羽だけでなく体全体もおおっているので体温調節にも役立っている。

モンシロチョウは、なぜ天気のいい日に飛ぶか？

モンシロチョウを、朝早くに見かけることはあまりない。記憶をたどると、天気のいい日の昼の間、花から花へ、あるいは他のチョウを追いかけてひらひら飛んでいる風景が浮かぶ。曇りや雨の日にはほとんど見かけない。

モンシロチョウは変温動物なので、気温が低ければ体温も低くなり、活動的でなくなるのだ。チョウが飛ぶには35度ぐらいの体温が必要とされ、これくらいあれば筋肉もよく動き、花から花に飛んだり、他のチョウを追いかけ回したりできる。変温動物が体温を上げるには、太陽に当たってエネルギーを吸収するしかないから、天気のいい日の昼間にひらひら飛ぶ。朝早く、気温が上がらないうちは、じっと草の葉にとまっている。

なぜ、水場に集まっているチョウは、オスばかりなのか？

チョウは羽に比べて胴体が小さいので、羽ばたくと、すぐ体温が上がってしまう。だから、真夏のチョウは早朝か夕方に活動するが、中には、光の中を好んで飛び回る種類もいる。飛び回ると体温が上がるので、水場で給水し、体温を下げなくてはならない。オスのチョウがメスを求めて飛び回るので、水場に集まるのはオスのチョウばかりである。メスはオスの到来を待ってじっとしているので水場に行く必要はない。

蚊の主食は、血じゃない。ホント？

ホントだ。暑くなると蚊に刺され、かゆくて嫌になるが、じつは、蚊はいつも人間や動物の血を吸って生きているのではない。蚊が動物の血を吸うのは、メスの蚊が卵を産むときだけだ。動物の血を吸って、卵を育てる栄養にしている。だから、オスは血を吸わないし、産卵期でないメスも吸わない。蚊の主食は、花の蜜や草の汁だ。

トンボは歩くか？

枝の先にとまっているトンボが、枝や葉っぱの上、地面を歩いているのを見たことがあるだろうか？　おそらくないだろう。動物行動学者の日高敏隆氏によれば「トンボはほとんど歩くことがない」。とまっていて向きを変えるのに足を使うが、移動するときは、ほんのちょっとの距離でも飛んでいく。同じくらい大切な足の役目は、餌となる虫を捕まえることである。トンボの６本の足は毛むくじゃらで、獲物を入れるカゴのような形になっている。その足で獲物をがっしりつかんで身動きできないようにし、大きな頑丈な口でムシャムシャ食べるのだ。だから歩かなくても、足はなくてはならないものなのである。

アリジゴクは糞をしない。どうしているのか？

家の軒下や縁側の下の乾いた地面に、すり鉢のようなくぼみを見つけることがある。アリジゴクの穴だ。こうしてできた穴の底で、体を砂に埋め、あごだけ出して、アリやクモなどの獲物をじっと待ちかまえる。

人間でもイヌでもライオンでも、動物は食べたら出さなくてはならないが、穴の底でじっとしているアリジゴクはどうしているのか？　じつは尻の穴はしめてしまって糞をしない。もちろん、どんどんたまるが、それは羽化して成虫になるとき出す。

アリジゴクはやがて成虫になるが、何になるかというと幼虫時代の恐ろしげな名前からは想像もできない「ウスバカゲロウ」である。トンボのような姿かたちで、丸い頭、細長い羽、か細い足を持ち、舞うようにひらひら飛ぶ。その姿から極楽トンボとか神様トンボと呼ぶ地方もある。

ミツバチは天敵の大スズメバチを殺すことができる。どうやって？

天敵の大スズメバチに巣を襲われると、狂暴なあごでミツバチは殺されてしまう。だが、やられっぱなしというわけではない。ミツバチの対抗手段はふとん蒸し作戦。大スズメバチに多数のミツバチが集まり、蜂球《ほうきゅう》と呼ばれる塊となって、体を震わせる。すると塊の中は20分くらいで48度に急上昇し、46度以上で生きていられない大スズメバチをやっつけることができる。ミツバチは50度までは大丈夫である。

ミツバチの働きバチは、若いハチか、おばあさんのハチか？

ミツバチの働きバチは、みんなメスである。ミツバチの巣には、1匹の女王バチと数万匹の働きバチ、それに900匹くらいのオスのハチがいる。このうち巣から出たり入ったりと忙しそうにしているのは、もちろん働きバチだが、その正体はじつはもうすぐ死んでしまうおばあさんのハチである。おばあさんといっても、働きバチの寿命は50日ぐらいなので、他のハチとそんなに大差はないが、ミツバチの社会では、花から花へと花粉や蜜を集めて回るのは、寿命が終わる直前に回ってくる仕事なのだ。

生まれて日がたっていない若いハチは、巣の掃除をしたり、幼虫に餌を与えたり、巣の中だけで働いている。

クマに巣を襲われたミツバチは、クマを撃退できるか？

ミツバチはスズメバチを殺すことができるが、クマに襲われるとどうか？　お手上げではないか？　ところが必ずしもそうではない。現場に居合わせたミツバチがクマを攻撃し、先端がノコギリ状の毒針で刺す。もちろんクマはビクともしない。しかし針はクマの体に残り、そこから揮発性のイソアミルアセテートという興奮物質が発散される。するとミツバチの大群が、その匂いをめがけて波状攻撃するのである。クマは退散せざるをえなくなる。

ゴキブリのヒゲをハサミで切ると歩きまわれなくなる。なぜか？

ゴキブリを見つけたらハエ叩きや殺虫スプレーで即刻やっつけたいところだが、ぐっとこらえて観察してみよう。長いヒゲをゆらゆら動かしながら、ツツツーッと歩いたり、とまったり、あたりをうかがっている。ヒゲ、すなわち触角であたりのモノに触ってさまざまな情報を得ているのだ。そこにモノがあるかどうか、触ったモノが食べられるかどうかがわかる。だから、ヒゲをハサミで切ると、それらの情報が得られなくなるので、人間が暗闇にいるのと同じ状態になる。生きてはいるが、ほとんど歩き回れなくなるのだ。

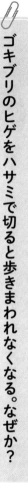

ケムシは腹いっぱいになると、なぜ葉から離れて下に行くか？

昼間に活動する、アゲハチョウ類のケムシの天敵は小鳥である。見つかったら一巻の終わりだ。しかし、枝の陰に隠れたままでは飢え死にする。そこで、ケムシは消化管が空になって体重（重力）が軽くなると、若い葉がたくさんある枝先を目指す。そして、大急ぎで葉をムシャムシャ食べ、体重が重くなると葉から離れて枝陰に向かう。すなわち、重力の作用を感じて、上下に移動を行っているのである。

ホタルは光り方で、オスかメスかわかる。なぜか？

ホタルは卵も幼虫も光る。しかし、成虫になるとただ光っているのではなく、オスとメスが互いを求める合図として光る。ゲンジホタルの観察記録によると、オスはメスの近くに行くと13秒に6回発光する。その後、10秒くらい休み、またポーッ、ポーッと6回光る。このオスの合図にOKの場合、メスはピカッと1回だけ光ってこたえる。すなわち、点滅しているのはオス、忘れた頃、ピカッと光るのはメスである。

ミズスマシには、なぜ目が4つあるか？

ミズスマシは、池や沼の水面をスイスイ泳ぐ水生昆虫である。水面に落ちた昆虫や水面で羽化した幼虫などを、水面や水中で捕らえて食べている。だから、水中が見えなくてはならないが、同時に、上から狙ってくる小鳥なども見えなくてはならない。

そのため目は、水面上と水中が同時に見えるよう、水面のところで上下2つに仕切られている。上下に仕切られた目が左右2個だから、4つの目を持っていることになるのである。

なぜ、土中のミミズが魚釣りの餌になるのか？

釣り人は、ミミズでフナなどの川魚を釣る。ミミズは淡水釣りの、とてもよい餌となる。それにしても、魚は土の中にいるミミズを食べることができると、なぜ、知っているのだろうか。

だが、これは不思議でも何でもない。増水で土砂が崩れると土中のミミズなどは川に流されるので、魚にはなじみの餌なのだ。また、川は狭く魚同士の競争が激しいので、食べられそうな餌は見つけたとき食べなくては生き残れない。手当たり次第口に入れてしまうのが川魚の習性だ。

何千万年、何億年も前の昆虫が、なぜ化石として残っているか？

昆虫は鳥やカエルの餌となり、死骸はアリなどによってバラバラにされ、さらにバクテリアによって分解されるので姿かたちが化石として残るのは珍しい。にもかかわらず、何千万年前、何億年前の昆虫がそのままの姿で化石として多数発見されている。

なぜか？　それは、樹木の樹液の化石である琥珀の中に、昆虫が封じ込められているからだ。樹液に足を取られて動けなくなり、その上にさらに樹液があふれ、一緒に化石になったのである。

5章

なぜ、チューリップの種を売っていないのか？

【植物・自然】雑学

富士山に笠雲がかかると、なぜ雨が降るか？

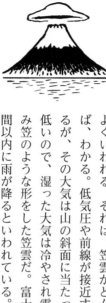

富士山に限らず、それぞれの地方を代表する山に笠雲がかかると、天気が崩れるとよくいわれる。それは、笠雲がどんなときにできるかがわかれば、わかる。低気圧や前線が接近すると湿った大気が吹きつけるが、その大気は山の斜面に当たって上に行く。上空は気温が低いので、湿った大気は冷やされ雲ができる。これが、昔の編み笠のような形をした笠雲だ。富士山では笠雲が現れると12時間以内に雨が降るといわれている。

遠くの山は、なぜ青く見えるか？

山に生えている草木の葉からは、根が吸い上げた水分が蒸散されている。蒸散することによって根が水分を吸い上げるのを助けている、ともいえる。この水分が靄《もや》となり山をおおっているので、光はその微粒子に当たって散乱される。散乱されるのは波長の小さい光（青）だから、青い光が山をおおう。ちなみに、空が青いのは大気の微粒子に青い光が当たって散乱されるからだが、それと同じことが起こっているわけだ。

富士山は、なぜ日本一の山か？

一番高いからだが、同時に、一番美しい山でもある。高くても頂上が槍《やり》のように尖《とが》っているのでは気品に欠けるし、連峰の中で一番高い山というのでは姿かたちの美しさはなくなる。独峰《どっぽう》で円錐形《えんすいけい》の整った形をして一番高いからこそ、日本一の山である。そしてもう1つ、11月頃から翌年6月頃までの8ヶ月間、白い雪の衣をまとっている。白い富士山が山麓の緑や紅葉と対比され、より気高く美しく見えるのである。

日本一高い山は富士山。では、2番目に高い山は？

南アルプスの北岳《きただけ》である。標高3193メートル、間《あい》ノ岳《だけ》、農鳥岳《のうとりだけ》とともに甲斐白《かいしら》峰《ね》山塊の一番北にあることから、北岳と呼ばれている。高山植物の宝庫として知られ、山頂付近に大きな植物群落がある。夏の最盛期には、固有種のキタダケソウをはじめ100種類以上の花が咲き乱れる。

キクは秋の花なのに、なぜ花屋で1年中咲いているか?

サクラが春咲くのは、冬の寒さが終わり気温が上昇するからだが、キクは気温ではなく日照時間の変化によって開花する。すなわち、夏至から少しずつ日照時間が短くなっていくが、このゆっくりとした変化の積み重ねの結果、キクの開花ホルモンは活性化し秋に咲く。だからこの変化を人工的に照明でコントロールしてやれば、秋でなくても咲く。こうして咲いたキクは電照菊と呼ばれ、1年中花屋の店先にある。

なぜ、チューリップの種を売っていないのか?

チューリップには種がないのかということなら、種はある。花が咲いたあと、他の植物と同じようにちゃんと種ができる。しかし、その種をまいても、翌年、花は咲かない。翌々年も咲かない。おそらくその次の年も咲かないだろう。4~5年待たなければ花は咲かないのだ。

普通、人はそんなに長く待っていられないから、店ではすぐ花が咲く球根を売っている。栽培農家が4~5年かけ開花寸前まで育てたチューリップの球根を仕入れているのである。植えると2~3ヶ月で咲く。

なぜ、マツタケがたくさん採れる年は、米が不作か？

マツタケはマツ科の植物の根に菌糸を寄生させて育つ。主に樹齢50年前後のアカマツ林によく育つようだが、カラマツ以外のクロマツ、トドマツなど他の松林にも生える。菌糸だから湿気を好むカビに近い植物で、雨の多い年はたくさん採れる。

一方、稲は、よく育つために日照が必要不可欠である。夏の強い日照りによってよく稔《みの》る。マツタケのよく採れる年は雨が多いので日照不足となり不作となる。

竹はなぜ、急生長できるか？

植物は普通、幹（茎）の先端（天辺《てっぺん》）に生長点があり、そこが細胞分裂して上に伸びる。幹（茎）は太くなるだけで上には行かない。先端が伸び、幹（茎）が太くなって全体が大きくなるのである。しかし、孟宗竹《もうそうちく》に代表される竹は違う。生長点が節の1つ1つにあり、それぞれが伸びる。だから、生長が早い。1日で1メートル以上伸びることもある。また幹は空洞なので中身を作る必要がなく、その点でも短時間で大きくなる。

花束は、なぜ花を下にして持つべきか？

青いバナナをリンゴと一緒にしておくとリンゴから放出されるエチレンガスのせいで早く熟成し甘くなる。また、鉢植えの植物をなでてやると、警戒した植物はエチレンガスを出し成熟を促すので早く花が咲く。花束の花も、切られたことに警戒しエチレンガスを出しているが、下向きに持つと水分が花に集まるので警戒がゆるみエチレンガスの放出が減る。だから、つぼみのままシャキッとしている。

ソメイヨシノは、なぜ、いっせいに咲いていっせいに散るか？

サクラ名所のサクラは、ほとんどソメイヨシノである。東京では3月末に開花し、1週間後に満開、その後10日ほどで花びらが落ちる。ソメイヨシノが同時期にいっせいに咲くのは、もともと同じ1本の木だったものを挿し木によって増やし、それを各地のサクラの名所に植えたからである。もともと同じ木なのだから、日照時間、気温などの条件が同じなら、同時にパッと咲き、パッと散るわけだ。

森林に道路ができると、なぜ道路沿いの樹木が枯れるか？

道路沿いの樹木が枯れるのは、根が傷つけられたからでも、急に乾燥した空気にさらされたからでもない。森の木が伐採され、強い日光を浴びるようになった結果、枯れるのである。なぜなら、森はもともと全体が1つとなって鬱蒼《うっそう》と繁り、樹木同士が緊密な生態系バランスを保っていた。ところが、その一部が伐採されると、それまでの環境が一変する。この急激な変化に対応できなくて、枯れるのである。

クルミの木の下には、なぜ他の植物が生えてこないか?

1937年、ドイツの植物学者ハンス・モーリッシュは、植物の中に、他の植物の生長を邪魔するアレロケミカルという物質を出すものがあることを発見した。クルミはその1つで、葉から出た成分が樹木の下の土壌でユグロンという物質になる。ユグロンにはアレロパシーといわれる作用があり、他の植物を枯れさせてしまう。土壌を変質させるのだ。クルミの木の下にいると、気分が暗くなるという人もいるくらいだ。

ドングリは、「ドングリの木」にはならない。なぜか?

ドングリは、ドングリの木の実ではなく、ブナ科のクヌギ、ナラ、カシなどの実の総称だから、大きくなったら、クヌギ、ナラ、カシになる。ドングリという木はない。いろんな樹木の木の実だから、いろんな大きさ、形のドングリがある。ドングリは落ちると斜面を転がり、池があればはまることもあるが、親の木とは離れたところで芽吹く。芽吹いたところの日当たりがよければ、大きく生長できる。コロコロ転がって生きのびるのだ。

トウモロコシのヒゲの本数と、粒々の数は同じ。なぜか？

同じなのはヒゲが粒（実）から1本ずつ生えているからである。このヒゲはもともとは雌しべの一部分だから、受粉してできた粒のそれぞれにくっついているわけだ。発芽したトウモロコシは3ヶ月くらいで、天辺に雄花、茎の何箇所かに雌花がつき、風によって受粉する。

実には、ビタミンB1、B2、E、ミネラルのカリウム、鉄分、銅などが含まれ、食物繊維も多いので、体に極めてよい。

秋の七草のクズはアメリカで、なぜデビル（悪魔）と呼ばれるか？

日本原産のクズ（葛）だが、明治9（1876）年、アメリカ・フィラデルフィアで開かれた独立100周年記念万博に日本から出展されたのがきっかけで一時期もてはやされ、全米各地に移植された。アメリカの土壌が合ったのか、その後、恐ろしい勢いで繁茂拡散し南部を席巻した。今では、デビル・プランツ（悪魔の植物）と呼ばれ、お手上げとなっている。その可憐な花からは想像もできない、強靭《きょうじん》な生命力を持つ「雑草の中の雑草」である。

アメリカ南部の荒地で、クズはなぜ繁茂できたか？

アメリカ南部だけではない。中国奥地の砂漠でも、緑化のため種がまかれ繁茂しているという。このようにクズが荒地で強靭な生命力を維持できるのは、根に根粒菌《こんりゅうきん》を養い、必要な栄養素を自分で手に入れるからだ。また、大きな葉で活発に光合成を行い、根を太らせてでんぷんを蓄えている。日本人は、そのでんぷんから採った葛粉で葛切りや葛もちを作り食用にしている。つるの先を天ぷらにして食べたりもする。

ほとんどのスイカの根っ子はカボチャである。なぜか？

スイカは、同じ畑で作ると連作障害が出やすく、また、つる割病という、茎が黄色くなって枯れる病気にかかりやすい。その弱点をなくすため、カボチャや夕顔の台木に接木《つぎき》して育てる。カボチャも夕顔も毎年同じ土地で元気に育つので、その力を拝借するというわけだ。もちろん、新しい土地で、スイカの根で育ったものも収穫できるが、数が少ないので高級品として料亭などで供されている。庶民の口には入らない。

マスクメロンのヘタは、なぜT字形に切ってあるか？

イギリス首相だったマーガレット・サッチャーが来日したとき、そのおいしさに驚嘆したというエピソードで有名なマスクメロンは、19世紀末にイギリスで作られたアールスメロンを日本で改良した品種である。そのポイントは、1株のつるに1個という栽培法。たった1つの実に十分な栄養を行き渡らせ、大切に育てるのだ。この「1株に1つのメロン」という印が、見ればすぐわかるようにしたT字型のヘタである。

動物と植物、どっちの生命力が強いか？

動物は活発に動き回り、植物は動かないから、動物の方が生命力にあふれていると考えるのは早計である。植物が動かないのは動く必要がないからだ。動物が動くのは動いて餌を得なければ生きていけないからである。植物は太陽光と大気と水から有機物を自分で生産し、蓄える。動物はその植物を食べ、あるいは植物を食べる動物を食べるのだから、結局植物頼みで生きている。だから、植物の生命力の方が強く大きい。

雨が1ヶ月くらい降らなくても、なぜ樹木は枯れないか？

植物は水なしでは生き続けられないが、1ヶ月くらいの日照りなら、草も樹木も枯れはしない。その秘密は毛管水《もうかんすい》である。細い管の中を水が上る毛管現象を理科で習ったと思うが、土の中には細いすき間が無数にあるので、その中を地下水が上ってきて土の中はいつも湿っている。樹木は水分のある地下2メートルくらいまで、また、草も湿り気のあるところまで、その根を伸ばしているので少々の日照りでは枯れない。

スギやメタセコイアは、なぜ樹形が二等辺三角形か？

神社の境内にはスギが植えられているが、これは鉾杉《ほこすぎ》といって、その尖った天辺に神様が降りてくるのである。メタセコイア、エゾマツなどの針葉樹も、おおむね二等辺三角形の樹形をしている。それは、天辺で伸びた枝が、他の枝が自分より上に伸びないように植物ホルモンを出しているからである。天辺の枝を切ると他の枝がいっせいに上に伸びるが、どれか1本が抜きん出ると、その枝が植物ホルモンを放出し、他の枝の生長を抑えてしまう。

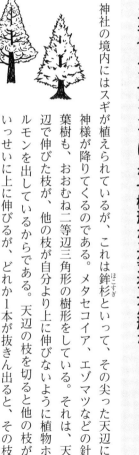

植物の根は、土中の水分をどうやって吸い上げているか？

根によって吸い上げられた土中の水分は、導管を通って葉や花に届けられる。では、どうやって根は水分を吸い上げるか？　根には半透明の膜に包まれた細胞が何万個も並んでいる。並び方は、外の細胞ほど内容液の濃度が薄く、その隣の細胞、その隣と内に向かって濃くなっていく。このため水分は浸透圧によって、薄い方から濃い方に流れ、1つ1つは微弱でも、何万という細胞によって大きな流れとなり導管に流入するのである。

屋久島のスギは、なぜ何千年も生き続けているか？

1966年、旧屋久町役場の観光課長によって発見された屋久島の縄文杉《じょうもん》は、はじめは樹齢7000年で縄文時代からのものとされたが、その後の調査で樹齢2500～3000年に修正された。それにしてもこんなに長寿なのは、縄文杉のある山岳地帯の年間降雨量が1万ミリメートルとダントツに多いからだ。雨が降ってなくても濃い霧におおわれ、湿気が多く、気温も山岳地帯なのでそれほど上がらない。これらの条件が長生きの秘密とされている。

なぜ、海岸の防風林にはマツが植えてあるか?

歌川広重の『東海道五十三次図』を見ると、現在の神奈川県の平塚、大磯といった海岸近くは松並木である。海岸にマツを植えるのは塩害に強いからだが、同時にやせた土地でもちゃんと育つからだ。砂浜でも育つ。

縄文遺跡の調査によると、カシ、ツバキ、ケヤキ、スギ、ヒノキなどはあったがマツはなく、登場するのは8世紀の遺跡からである。広葉樹やスギ、ヒノキを燃料として切り倒したあと、何もないやせた土地にマツが繁茂したのである。

6章

パンは食べものなのに、なぜ食パンというか？

【食べもの】雑学

焼き魚に酢を塗って焼くと、なぜ、網に皮がくっつかないか？

サラダに入れた刺身や鶏肉のササミが固くなるのは、動物性タンパク質が酢に触れると凝固するからである。これを利用して、焼く前に、魚に軽く酢を塗っておくと、表面のタンパク質が固まり網にくっつかなくなる。たくさん塗ると身が固くなって味が落ちるが、適度に薄く塗れば問題はない。酢は火を通すと消えてしまう。こうして焼けば、網に皮や身がくっつかないので掃除もラクチンだ。

まな板の鯉《こい》は、なぜ、おとなしくじっとしているか？

ウナギはまな板に乗せてもにょろにょろ動き回るので、ウナギ職人はキリでその頭を打って調理する。これに対して、コイは「まな板の鯉」というように、まったくジタバタしない。が、これには理由がある。コイに限らず、魚には、水圧や水流の変化を感じ取る側線《そくせん》という感覚器官が体の横に通っている。その上を包丁でなでると、コイはいとも簡単に失神してしまうのである。そのため「まな板の鯉」になるのだ。

なぜ、子どもは青いピーマンが嫌いか？

カラーピーマンは緑の青ピーマンが熟して色が変わったものである。ピーマンの立場からすれば、熟す前の青ピーマンが鳥などに食べられては困るから、苦味の強いアルカロイドで防御している。熟したら、今度は種を糞でばらまいてもらいたいから、食べやすいように苦味は消える。子どもはアルカロイドに敏感なので苦い青ピーマンが特に嫌いだ。大人になれば味覚が鈍くなるので、おいしいと感じるようになる。

ダイコンは、なぜ、先っぽに行くほど辛いか？

ダイコンは大きくなるとき、先っぽがグングン地中に伸びていく。大きくなるためには、先っぽが害虫やばい菌にやられては困る。そこで、抗菌作用のある辛味成分がたくさん集められている。また、日々どんどん生長するので、酵素の働きも活発。ゆえに、先っぽは細胞内の辛味成分を引き出す力も強い。

辛いダイコンは見ればわかる。どこでわかるか？

ダイコンの先っぽは、まっすぐ直線的に地中に伸びるのではなく、ドリルのように少しずつ回りながら生長する。その回り方が急激なほど、先っぽにたくさんの酵素が集まり、辛味成分も集められている。そんなダイコンをどうやって見分けるかだが、ひげ根（の生えていた穴）を見るとわかる。よく見ると、ひげ根の穴がまっすぐなものと、斜めに巻いているものがある。斜めはドリルのように急生長した痕跡だから辛い。

レタスは50度のお湯につけると、シャキシャキになる。なぜ？

レタスは、96％が水分でできている。葉っぱも薄く、水分が抜けやすく、すぐにしんなりする。しんなりしたレタスを水につけても、それほどシャキシャキにはならない。50度のお湯につけたら？　ますますくったりしそうだ。

ところが、不思議なことにシャキッ、パリッとしたレタスに変身する。野菜は、ゆでると、くったりするのに、なぜだろうか？　野菜の細胞の表面には「気孔《きこう》」という穴がある。ふだんは閉じているが、50度のお湯につけると、そのショックで開く。ヒートショックといわれる現象だ。水の分子も、温度が上がるとよく動くので、開いたレタスの細胞の中にすんなり入り込める。レタスの葉っぱが、水分をよく吸収するのだ。

また、葉っぱには細胞を形づくるペクチンという物質がある。これがお湯で硬くなる。つまり、歯ごたえがアップする。シャキシャキパリパリのレタスになる。

ゆで卵の殻をきれいにむくには、どうすればよいか？

ゆで卵の殻がうまくむけないのは、卵白に含まれている二酸化炭素が、加熱されて膨張し、殻の内側にある薄皮と卵白が密着した状態で固まるからである。だから、卵の尖ってない方（気室《きしつ》側）に、画びょうの針などで穴を開けガス抜きができるようにしておくといい。ゆで上がったら水につけ、水中でもむようにしてゆっくりむく。産みたてより少し鮮度の落ちた卵の方が、二酸化炭素が少ないからきれいにむける。

目玉焼き、卵を割る位置を低くすると激ウマ！ なぜ？

普通、卵はフライパンの10～15センチメートルくらいの高さから割り入れている。じつは、卵を低い位置から入れただけで、激ウマ目玉焼きになる。理由は、黄身だ。黄身は180万個ほどの卵黄球という小さな粒が集まってできている。これが衝撃に弱い。たった10センチメートルの高さから落としただけでも、1つ1つの卵黄球の膜が破れて、つぶれる。すると、卵黄球同士がくっついてしまう。これが焼けて固まると、半熟ではべたっ、固焼きではごわごわっ、の食感になってしまう。

低い位置から卵をフライパンに割り入れて焼くと、卵黄球がつぶれず、なめらかな食感になる。固焼き目玉焼きにしても、黄身はやわらかくしっとり。卵を高いところから割り入れたものと比べ、5倍以上もやわらかく、クリーミーになる。

作りたてより、なぜ、寝かせたカレーがおいしいか？

カレールーで作ったカレーはいつも同じ味かと思いきや、作りたてより寝かせた方がおいしい。寝かせると、ジャガイモ、ニンジン、肉などの材料に味がしっかりしみ込むということもあるのだろうが、もう1つ、油の粒子は時間が経過するほど小さくなるのだ。すると、カレーの香料成分とよくなじみ、微妙で複雑なカレーの味が舌によく感じられるようになる。もちろん舌触りもよくなる。だから、おいしい。

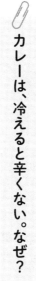

カレーは、冷えると辛くない。なぜ?

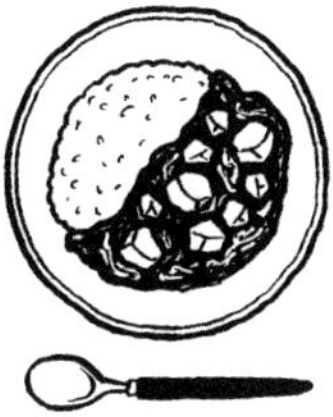

冷えたカレーを食べても、辛いと感じない。温めると辛い。なぜだろう? 辛いと感じるのは、じつは味覚ではない。痛みを感じる舌の痛覚と、熱さを感じる温度覚だ。辛いものを食べたとき、舌のこの情報が脳に伝わり、辛いと感じる。

カレーの辛さの主成分は、「カプサイシン」だ。カプサイシンを辛いと感じるには、温度が必要だ。温度が高いと、舌を刺激して灼熱《しゃくねつ》感のある痛みを感じさせる。だから、熱いカレーは

「辛い！」。この辛味成分は冷たいときはさほど舌を刺激しない。痛みを起こさない。それで冷えたカレーは辛くないのだ。

また、辛みの刺激には、冷たいと感じる刺激もある。わさびに含まれる成分はこのタイプで、冷ややかにツンとくる。

激辛がおいしいのは、脳が「辛くないと思え！」と命令しているから？

辛いのが苦手で、食べられない人もいるが、激辛が大好きな人もいる。激辛好きは、どうしておいしく食べられるのだろうか？

脳は、辛いと感じると、同時に「これは辛くないと思え」と指令を出すという。辛いものを、辛くないと思い込ませるために、脳は、エンドルフィンやドーパミンという快感を感じる脳内伝達物質を出す。

つまり、激辛が大好きな人は、脳が辛さ（痛み）を、「辛くないと思い込ませる」ために出した快感物質が多いのだ。それでおいしく感じる。辛いのが苦手な人は、快感物質があまり出ていないので、舌が痛かったり熱かったりしている。

1ビン(500グラム)のハチミツは何匹のミツバチが働くとできるか?

蜜を集める春から夏にかけてのミツバチの寿命は5週間くらいだが、その間に集められる花の蜜は小さじ1杯くらい、約5グラムだ。すなわち、1ビンのハチミツは100匹のミツバチが働いて作ったことになる。花の蜜はショ糖だが、ミツバチはこれを体内でインベルターゼという酵素を加えて分解し、ハチの代謝熱で35度くらいの高温になっている巣に蓄える。すると、水分が蒸発しとろりとしたハチミツができる。

白い牛乳から作ったバターが、なぜ黄色いか?

牛乳が白いのは、脂肪のせいである。脂肪は、周囲を薄い膜でおおわれた脂肪球《しぼうきゅう》の形で牛乳に溶け込んでいる。この膜におおわれた小さな脂肪球の粒子は、たくさん集まって光をいろいろな方向に散乱する。これは、水の小さな粒子が集まった雲が白く見えるのと同じ原理で、散乱された光が混ざり合って白く見える。白い牛乳をバターにするときは、攪拌《かくはん》して、脂肪球の膜を破るので、中から黄色い脂肪が取り出される。これがバターの色だ。

パンは食べものなのに、なぜ食パンというか?

わざわざ、食パンというからには理由がある。それは絵画の木炭デッサンをするとき、消しゴムでは固すぎ、用紙がいたむので、パンを消しゴムとして使ってきたからである。これは「消しパン」といったが、食べる方は、消しパンではないと、わざわざ食パンと区別したわけだ。また、菓子パンと違って、ご飯に代わって主食として食べられるので食パンという言い方が定着したという側面もある。

ご飯を入れるのに、なぜ「茶碗」というか?

ご飯を入れるのだから飯碗というべきだが、なぜ茶碗かという素朴な疑問だが、もっともである。昔は、飯を大きめの器に盛ってワシワシ食べるのが食事だったが、室町時代になると食習慣が変わり、おかずを品数多く食べるようになった。そうなると飯碗は小さい方がいい。小さいというと、茶を飲む茶碗があるということで、同じような器を作った。そして、同じような器だから、飯碗でなく茶碗といったのである。

ホウレン草は、なぜ、漢字で菠薐草と書くか？

ホウレン草には軸の赤い東洋種と赤くない西洋種があるが、どちらも原産地はペルシア（今のイラン）である。漢名でペルシアは「菠薐」だから、ホウレン草を正式に漢字表記すると「菠薐草」となる。西洋種は11世紀にイスラム教徒によってスペインに伝えられ、ヨーロッパ諸国で品種改良された。日本には17世紀に来た。東洋種は漢の時代にシルクロード経由で中国に伝わり、日本には西洋種以前の16世紀に伝わった。

ホウレン草のおひたしに、なぜゴマをかけるべきか？

ホウレン草にはカロチンやビタミンAがたくさん含まれ、野菜の少なくなる冬にはたくさん食べたい。ただ腎臓結石や膀胱結石の原因となるシュウ酸がたくさん含まれている点には気をつけたい。結石ができるのは、体の中にあるカルシウムとシュウ酸の比率が1対2となったときだから、カルシウムの比率を上げれば1対2ではなくなる。それにはカルシウムが豊富に含まれているゴマを、すってかけるといいのである。

漢字でゴマは胡麻、キュウリは胡瓜。なぜ「胡《こ》」がつくか？

胡という漢字は、中国の漢民族が異民族を呼ぶときに使ったもので、中央アジアの遊牧民のことだ。これらの人々は、アフリカ、インド、中央アジアの文物をシルクロード経由で伝えたが、それが日本にもやってきた。胡麻《ごま》、胡瓜《きゅうり》、胡桃《くるみ》、胡豆《そらまめ》、胡蒜《にんにく》、胡椒《こしょう》などみんなそうだ。シルクロードはローマと中国の洛陽《らくよう》を結ぶ東西交易路だが、1本の道ではなく、たくさんのオアシスを経由して隊商が交易をしていた。

カニやエビはゆでると、なぜ赤くなるか？

イセエビや一部のザリガニのように、もともと赤いものもいるが、多くのエビはくすんだ青灰色である。カニもそうだ。これをゆでるとみるみる赤くなる。

その秘密はアスタキサンチンという色素である。生のエビやカニは、この色素がタンパク質と結合して、くすんだ青灰色がかったカロテノプロテインとなっている。ゆでると結合が解け、本来の赤が発色するわけだ。その一部は酸化によってアスタシンという物質になるが、これも赤い。

なぜ、昆布のだしは海では出ないか？

海の昆布とだし昆布の違いは、生きているか生きていないかだ。昆布だしのうま味は細胞にたくさん含まれているグルタミン酸によるものだが、生きているときは細胞のタンパク質にガチッとつかまれているので、外に出られない。収穫した昆布は乾燥させるので枯れる。するとタンパク質のしばりが解け、グルタミン酸は自由に動けるようになる。そうなると、水につけるだけでもだしが出る。煮ると水分子が活発に動くのでもっとよく出る。

すき焼きで、なぜ肉としらたきを一緒に煮てはいけないか？

すき焼きの肉は柔らかい。柔らかいからおいしい。ところが、しらたきをくっつけると固くなり、色も少し黒ずむ。固くなるのは、しらたきを作るとき、こんにゃく粉に石灰を入れてこね、それを細い穴から石灰の水溶液に押し出すからだ。石灰に含まれているカルシウムは、肉が熱で固くなるのを早める働きがある。狭いすき焼き鍋の中で、離して煮るのがコツだ。

ココアとチョコレートは、同じか違うか？

どちらもカカオ豆が原料という点では同じだが、製法が違う。ココアは1828年にオランダのカスパルス・ヴァンホーテンが、カカオペーストから脂肪分（カカオバター）を3分の2取り除き粉末にして作った。湯に溶いても脂肪分は浮かばない。この取り除いた脂肪分をカカオペーストに混ぜ込み、砂糖やミルクを入れて固めたものがチョコレートである。だから、チョコレートは湯に溶くと脂が浮く。違いはカカオバターの量だ。

熱に弱いビタミンCが、なぜ熱いお茶で壊れないか?

100グラム中に含まれるビタミンCの分量を比較すると、お茶(緑茶)はレモンの約3倍だ。ただ、お茶をいれるのに使う茶葉は2グラム程度だから、実際に摂取できるビタミンCはそれほどでもない。熱に分解されやすいビタミンCが熱いお茶に含まれているのは、エピガロカテキンガレートという成分がガードしているからだ。お茶の渋味成分は、ガンを防ぐ効果、コレステロール値を下げる働きもある。

紅茶にレモンを入れると、なぜ色が薄くなるか?

紅茶も緑茶もお茶の葉が原料だが、時間をかけて発酵させたのが紅茶である。緑茶は発酵させない。紅茶は発酵する過程で、含まれているポリフェノールの作用によって茶葉のタンニンが酸化し、テアフラビン（赤橙色《だいだい》）やテアルビジン（赤色）といった色素になる。だから赤っぽい。これらの色素は、中性のときは赤く、酸性が強くなると色が薄くなる。レモンを入れるとクエン酸が紅茶を酸性にするので、薄くなるのだ。

コーヒーの国だったイギリスを、紅茶の国にしたのはウーマンパワー？

イギリスは紅茶が有名な国だが、昔はコーヒーが大流行した国だった。

コーヒーはアラビア半島からヨーロッパに伝わった。17世紀半ばには、ロンドンにコーヒーハウスができた。18世紀はじめになると、コーヒーハウスは3000軒以上になるなど、大ブームに。コーヒーハウスでは、新聞や雑誌が無料で読めて、政治や商売の話ができ、情報収集もできる上に、郵便物の受け取りまでできた。便利な社交の場だったのだ。

ところが、コーヒーハウスは女人禁制。男だけの場だった。夫はコーヒーハウスに入《い》り浸《びた》り、家に帰ってこない。妻たちの不満は爆発。1674年には、ロンドン市長に、夫婦関係に支障をきたすコーヒーハウスを閉鎖するように嘆願書まで出した。

そこに、トーマス・トワイニングが女性も入れる紅茶専門店をロンドンに開店した。おしゃれな紅茶店はたちまち、男のコーヒー文化に不満な女性たちの人気スポットに。同じ頃、インドのコーヒー農園で病気が発生し、コーヒーが全滅する。これにより、栽培もコーヒーから紅茶にシフトした。生産量が増えて紅茶の値段も下がり、紅茶は女性に強く支持され、家族団らんの飲み物になっていった。そして、イギリスは今のような紅茶の盛んな国になった。

本書は、新講社より刊行された『子どもにウケる たのしい雑学2』を、文庫収録にあたり、再編集のうえ、加筆、改題したものです。

坪内忠太（つぼうち・ちゅうた）

1946年岡山県生まれ。慶應義塾大学卒。著述家。書籍編集のかたわら、「雑学」を収集。その知識を駆使して、累計65万部超のベストセラー『時間を忘れるほど面白い雑学の本』（竹内均・編／三笠書房《知的生きかた文庫》）シリーズの執筆にも協力。著書に、『アタマが1分でやわらかくなる すごい雑学』『1分で子どもにウケる すごい雑学』『つい人に話したくなる 日本のなるほど雑学』『日本語おもしろ雑学』『1分でみるみる教養がつく 日本語の雑学』（以上、三笠書房《知的生きかた文庫》）の他、多数ある。

知的生きかた文庫

話《はなし》が1分《ぷん》でうまくなる
すごい雑学《ざつがく》

著者　坪内忠太《つぼうちちゅうた》

発行者　押鐘太陽

発行所　株式会社三笠書房
〒一〇二—〇〇七二　東京都千代田区飯田橋三—三—一
電話〇三—五二二六—五七三四〈営業部〉
〇三—五二二六—五七三一〈編集部〉
https://www.mikasashobo.co.jp

印刷　誠宏印刷

製本　若林製本工場

ISBN978-4-8379-8822-9 C0130

知的生きかた文庫

体がよみがえる「長寿食」

藤田紘一郎

〝腸健康法〟の第一人者、書き下ろし！年代によって体質は変わります。自分に合った食べ方をしながら「長寿遺伝子」を目覚めさせる食品を賢く摂る方法。

疲れない体をつくる免疫力

安保 徹

免疫学の世界的権威・安保徹先生が、「疲れない体」をつくる生活習慣をわかりやすく解説。ちょっとした工夫で、免疫力が高まり、「病気にならない体」が手に入る！

40歳からは食べ方を変えなさい！

済陽高穂

ガン治療の名医が、長年の食療法研究をもとに「40歳から若くなる食習慣」を紹介。りんご＋蜂蜜、焼き魚＋レモン……「やせる食べ方」「若返る食べ方」満載！

ズボラでもラクラク！飲んでも食べても中性脂肪コレステロールがみるみる下がる！

板倉弘重

我慢も挫折もなし！うまいものを食べながら！最高のお酒を味わいながら！好きに飲んで食べてたいズボラな人でも劇的に数値改善する方法盛りだくさんの一冊！

食べれば食べるほど若くなる法

菊池真由子

1万人の悩みを解決した管理栄養士が教える簡単アンチエイジング！シミにはミニトマト、シワにはナス、むくみにはきゅうり……肌・髪・体がよみがえる食べ方。

C50454

知的生きかた文庫

ライフサイエンス著

人気の教養・雑学シリーズ!!

おもしろ雑学 日本地図のすごい読み方

県境をめぐる悲喜こもごも、地図に隠された歴史の謎、全国のおもしろスポット、珍しい地名に込められたメッセージ…日本地図はワクワクする秘密の宝庫！

おもしろ雑学 世界地図のすごい読み方

気候や風土の珍現象から、国境や国名をめぐる複雑な事情、一度は訪問したいおもしろスポットまで、世界各地の「へぇ～」な仰天ネタが大集合！

おもしろ雑学 日本の歴史地図

真田幸村はなぜ大阪城の南側に砦を築いたのか？　徳川の埋蔵金はどこにある？　日本史を「地図の視点」から捉え直すと浮き彫りになる、おもしろネタを厳選！

世界の宗教地図 わかる！ 読み方

政治、経済、歴史から新聞・ニュースの話題まで——宗教を通して見たら、世界の動きが理解できる！　説明がつく！　この1冊で「世界を見る目」が変わる！

世界の紛争地図 すごい読み方

世界各地の紛争全47項目について、「なぜ対立が生まれたのか」「どんな経過をたどったのか」を図版や写真を使って、わかりやすく解説！　紛争の全体像がつかめる！

C50472

C50470